Correio europeu

MARQUES REBELO

Correio europeu

2ª edição

JOSÉ OLYMPIO
EDITORA
Rio de Janeiro, 2014

© *José Maria Dias da Cruz e Maria Cecília Dias da Cruz*

Reservam-se os direitos desta edição à
EDITORA JOSÉ OLYMPIO LTDA.
Rua Argentina, 171 – 3º andar – São Cristóvão
20921-380 – Rio de Janeiro, RJ – República Federativa do Brasil
Tel.: (21) 2585-2060
Printed in Brazil / Impresso no Brasil

Atendimento direto ao leitor:
mdireto@record.com.br
Tel.: (21) 2585-2002

ISBN 978-85-03-01038-2

Capa: INTERFACE DESIGNERS / SERGIO LIUZZI
Foto de capa: GEORGE MARKS / GETTY IMAGES

Livro revisado segundo o Novo Acordo Ortográfico da Língua Portuguesa.

CIP-BRASIL. CATALOGAÇÃO NA PUBLICAÇÃO
SINDICATO NACIONAL DOS EDITORES DE LIVROS, RJ

	Rebelo, Marques, 1907-1973
R234c	Correio europeu / Marques Rebelo. – [2. ed.] – Rio de Janeiro: José Olympio, 2014.
	208 p.; 21 cm.
	ISBN 978-85-03-01038-2
	1. Crônica brasileira. I. Título.

	CDD: 869.98
14-11717	CDU: 821.134.3(81)-8

Boa romaria faz
quem em casa fica em paz.

As crônicas enfeixadas neste volume apareceram originalmente no vespertino *Última Hora*, do Rio de Janeiro, em 1951 e 1952, e constituem o conjunto de impressões da viagem que o autor fez pela Europa Ocidental naquele período.

Sumário

PORTUGAL

Lisboa	15

SUÍÇA

Genebra	27
Montreux	32
Lausanne	34
Vevey	36
Zurique	36

INGLATERRA

Londres	39
Dover	54
Oxford	54

SUÉCIA

Estocolmo	61
Helsimburgo	75

DINAMARCA

Copenhague	79
Kolding	83

Slagelse	83
Roskilde	84
Ringsted	84
Frederícia	85
Sero	85
Odensa	85
Elsenor	86
Abenra	86

HOLANDA

Amsterdã	89
Rotterdam	90
Delft	90
Arnhem	91
Utrecht	91
Enschede	91
Haia	92

BÉLGICA

Bruxelas	97
Antuérpia	100
Gand	100
Bruges	100

ALEMANHA

Eidelstedt	103
Hamburgo	103
Delmenhorst	104
Bremen	104

CORREIO EUROPEU

ESPANHA

Madri 109

MÔNACO

Monte Carlo 113
Mônaco 115

ITÁLIA

São Remo 121
Varigotti 122
Alássio 122
Gênova 122
Pisa 122
Pádua 122
Bréscia 123
Verona 124
Veneza 126
Loreto 130
Milão 131
Perúgia 131
Florença 132
Vicenza 134
Cássia 135
Bolonha 136
Nápoles 136
Pompeia 138
Sorrento 139
Capri 140
Roma 140

VATICANO

Vaticano 145

SÃO MARINHO

São Marinho 151

FRANÇA

Evian 155
Annecy 157
Ferney-Voltaire 159
Paris 172
Tours 197
Chapelle-sur-Loire 199
Saumur 200
Chambord 200
Chenonceau 201
Chartres 201
Vendôme 202
Vouvray 202
Nice 203
Talloires 207
Menton 207

Portugal

Lisboa

I

A aviação, apesar da supertécnica que enlouquece o homem, é mais uma incerteza neste mundo de coisas incertas. Um pneumático que arrebente na entrada de uma pista e os programas podem ficar adiados. Foi o que aconteceu em Lisboa, onde tivemos que pernoitar. O judeu paulistano não escondia o sofrimento — fatalmente iria perder o negócio de relógios na Suíça. Não chegava a arrancar os cabelos porque não os tinha, mas dava suspiros de cortar o coração. O brasileiro em estilo 1913, paletó com cinturinha, sapatinhos bico de pato, levemente afeminado, também não se conformava em chegar a Paris com um atraso de vinte e quatro horas; era um parisiense nato, que o destino, sempre cego, fizera nascer na rua do Matoso, de pais mestiços. O resto dos passageiros estava até alegre — era como se fôssemos dormir uma noite na casa de uma avó que a gente não conhecesse.

A ordem é a base do Estado, mas para mantê-la quanta desordem é precisa! Foram três horas, no aeroporto, de infinitos telefonemas, papéis para assinar, fichas a preencher, passaportes para examinar, receios, suspeitas, carimbos sobre carimbos e mais o insolúvel problema da velhota que não trazia o atestado de vacina contra a febre amarela.

Quando por fim chegamos ao hotel eram quatro horas da madrugada, e o porteiro viu-se tonto com os quarenta hóspedes imprevistos. Imprevistos e famintos. Mas não havia o que comer. Um dispositivo recente, inimigo de boêmias, obrigava que bares, cafés e restaurantes fechassem suas portas às três da manhã. Com alguns protestos, os retardatários sem culpa foram de barriga vazia para a cama, tendo uns se dado ao luxo de apregoar antes o uso de um banho restaurador de difícil comprovação. Mas todos os rebanhos têm as suas ovelhas pretas. Este tinha quatro, que foram para a rua parlamentar a possibilidade de uma refeição contra a lei. Depois de prolongados debates com vários cidadãos noturnos, um providencial motorista garantiu que em determinado lugar, do qual fazia segredo, poder-se-ia comer alguma coisa de portas fechadas.

E para lá fomos. Não era longe, era complicado, numa esquina de rua estreita e aladeirada. Ele bateu na porta sinais convencionados, entreabriu-se a dita, houve troca de senhas e pudemos ouvir a voz simpaticíssima, alteando-se o bastante para que nós, ainda no carro, a pudéssemos ouvir:

— São brasileiros. São brasileiros. Podes abrir.

Pela primeira vez na história a palavra "brasileiros" substituiu a de Sésamo, e os conspiradores entraram. Na meia-luz lá dentro, o ar saturado de fumaça, mais uns cinquenta havia conspirando terrivelmente entre costeletas de porco e vinho da casa.

Na hora de pagar, constatou-se que não havia moeda portuguesa. Mas o dono da contravenção era expedito, agarrou-se a um senhor Pimentel para saber o valor do cruzeiro:

— Veja-me, senhor Pimentel, veja-me lá isto!

O senhor Pimentel não sabia, mas apelou para o *Diário de Notícias*, que foi encontrado com razoável dificuldade nas profundezas do balcão. Com mais dificuldade ainda foi achada a seção de câmbio, e ele, por fim, recolocando os óculos que retirara para a prolongada pesquisa, esclareceu: "Está a sete", depois do que o atento anfitrião cobrou o preço que quis, o que aliás não foi muito.

Com muito cuidado, mesuras e palmaditas nas costas, conduziu-nos até a porta, levantou a pesada tranca, sondou a rua pela fresta e nos deu passagem na madrugada. Felizmente, encostado ao portal, estava postado um polícia zelando pela paz do quarteirão.

Quando chegamos ao hotel o porteiro pôs as mãos na cabeça:

— Que sarilho! Que sarilho! Logo vi que aqui havia gato!

E havia. O nosso quarto tinha sido dado a outros.

II

O chofer lisboeta, baixote, cabelos brancos, pescoço de leitão, é a candura em figura de gente. Lá vamos pela manhã luminosa e muito fresca em espontâneas confissões luso-brasileiras. Conta-me a vida toda, esclarecem-se múltiplos pontos obscuros a respeito das nossas respectivas ancestralidades e ele nutre esperanças de ainda ir ao Brasil, onde tinha tios e primos, dos quais me dá os nomes sem que, lamentavelmente, identifique nenhum na vasta rede dos meus conhecimentos.

No que concerne à marcha dos acontecimentos pátrios, não teve reservas — mostrava-se bem pouco satisfeito —, a vida era cara, o governo a fazer economias, mas o povo é que as pagava. E ai de quem abrisse a boca! Vossa Excelência deve estar ao fato.

Do que estou ao fato, e ele mesmo é quem me mostra, é que Lisboa é limpa, de uma limpeza que envergonha um carioca; que as casas parecem que acabam de ser pintadas, de mil cores, vivas ou suaves; que os jardins são muitos e bem-cuidados, embora de um gosto que já não tem mais sentido; que há flores nas janelas e nos balcões; que as novas construções não quebram a harmonia das antigas, são tão antigas quanto as antigas; e novos bairros se levantam nas bordas do seu rio, num traçado de aprazível mas discutível propriedade.

Se o motorista é contra, há muitos amigos que são robustamente pró e com eles, mais tarde, falo e compridas perguntas faço e para todas têm resposta imediata como alunos que trazem a lição bem decorada.

— A imprensa tem liberdade? pergunto em dado momento.

— Como não? — respondeu com vivacidade. — Tem toda liberdade. Aceitam-se todas as críticas, mas naturalmente tem que ser uma crítica construtiva, e não um despropósito à toa com ofensas ao regime, às personalidades e ao senhor presidente da república.

Essa interessante e policialesca dialética já foi usada uns dez anos no Brasil e nós sabemos bem da sua imortal inutilidade, tanto assim que os que mais a pregaram são dos que menos querem se lembrar dela agora. E como é sempre conveniente a gente confundir um pouquinho as boas almas, volto-me para um dos simpáticos amigos:

— Mas se o presidente da república for um cretino, como acontece tantas vezes?

Há uma cara séria e responsável, piedosa no fundo, como se estivesse a falar com um bárbaro:

— Sempre é o supremo magistrado da Nação.

Mas que me importa o supremo magistrado da Nação, se a cidade vai-se abrindo com amor nas breves horas que o avião nos concedeu? Se em cada esquina nos açode um pedacinho saudoso do Brasil, se passeamos comovidos entre coisas brasileiras, que tendem a desaparecer ou já desapareceram, enquanto em Portugal ainda permanecem?

— Ainda voltará por cá? — perguntam.

— Sim, voltarei! Era meu propósito, aliás largamente acalentado, passar aqui o maior tempo possível. A parada de hoje foi um mero acidente, mas que como todos os acidentes me trouxe um proveito — mostrou-me a necessidade de ver Portugal não apenas com olhos sentimentais.

Se já me envergonhara com a limpeza lisboeta, tapei o rosto quando o motorista me apresentou a conta de duas horas de volteios — era precisamente o que se paga no Rio para ir da rua do Ouvidor ao morro da Viúva.

E quando o avião já deixava para longe as curvas serenas do velho rio, peguei um jornal (visado pela censura) e leio o anúncio fúnebre da senhora Maria Duarte das Fezes Ferreira, que Deus misericordioso lhe reserve melhor nome no reino dos céus.

III

Cumprido é o que foi desejado e prometido. Aqui estou de volta, depois de ter visto muito mundo, pisando chão lusíada, entre gente de fala um pouco minha. Só que o tempo já não é mais o mesmo de mel e rosas, sopra o vento outonal encrespando as águas do rio, tangendo nuvens gordas, desencadeando pelas esquinas, descendo pelas ladeiras, levando chapéus, levantando saias, apagando fósforos e obrigando a abrigos.

IV

Guardemos uma frase desconsolada:

— Tirar donde faz falta para botar onde faz vista.

V

Pequenos anúncios:

"JAZIGO. Compra, particular, em 2ª mão, mesmo c/ alguns corpos ou o título por averbar. Resposta ao Rossio, 11, ao nº 1718."

"AO GATUNO que roubou gabardine no leilão de mercearia na rua Eugênio Santos, 8 e 10, pede-se mande a cautela para a mesma morada. Agradece."

VI

Nada há mais perigoso do que as sombras. Há sombras estranhas. E não é bom falar, pois as sombras podem ouvir e delatar.

VII

Definição de escoteiro:

— É um bando de miúdos fantasiados de parvos, co mandados por um parvo fantasiado de miúdo.

VIII

Acidente. Iam o correeiro e o cavouqueiro a conversar na pasmaceira do domingo. O correeiro solta uma piada e o cavouqueiro deu uma gargalhada tão grande que caiu do pontilhão e morreu.

IX

Não há vaidade mais perigosa do que a modéstia.

X

Mata-se, tirando o pão ou dando o pão, se este for envenenado.

XI

São tão gentis com os brasileiros, têm tanto orgulho do que somos, e sonham tanto cá vir um dia, de passeio ou de mudança, que sentimos remorsos por sermos menos fraternais.

XII

O crítico brasileiro deixou perigosos vestígios da sua passagem:
— Que avenida é esta?
— É a avenida da Liberdade?
— E quando a inauguram?

XIII

"A Polícia de Segurança Pública anuncia que foram achados durante o mês de novembro findo os seguintes objetos e valores, que serão entregues a quem provar que lhe pertencem: uma luva de malha própria para senhora, uma chave, um porta-moedas com dinheiro, um tampão de depósito de gasolina de automóvel, uma galinha, uma mantilha, um tampão de roda de automóvel, uma caneta de tinta permanente, uma argola com chaves, um guarda-chuva, uma boina tipo espanhol, um pneu de automóvel, uma cigarreira e um isqueiro, um retalho de pano encarnado, um cachecol, um boné, uma pasta de cabedal, um animal de espécie canina, uma mala própria para senhora, uma escova de piaçaba, um embrulho com boinas, uma sombrinha, um garrafão com aguapé, uma lanterna elétrica, uns óculos graduados, um casaco de fazenda para senhora, uma gabardina, um atado de estopa, uma toalha turca, um cão perdigueiro, um embrulho de broches de metal, um caixão de defunto, um bivaque dos usados pelos filiados da Mocidade Portuguesa, dois sacos com carnaúba e várias importâncias em dinheiro."

XIV

A "Bonbonnière" não vende bombons. Vende calçados finos.

XV

Há palavras terríveis, proibidas pelo dicionário corporativo elaborado com mão rija e purista pelo Senhor Presidente do Conselho, solitário e erudito, e vermelho é uma delas. Vermelho não é cor. Cor é o encarnado, o escarlate, o rubro. Que pintor teria a coragem de usar o vermelho em sua paleta? Vermelho — cuidado! — é comunista. E comunista é todo aquele ser diabólico que quer roubar os ricos, escravizar os pobres, zombar de Deus e das obras pias, e não se conformar com o regime imposto pelo aludido Senhor Presidente do Conselho.

Quando alguém quer colocar outro alguém em maus lençóis, basta dizer em certos lugares:

— Fulano é vermelho.

E o denunciado começa o espinhento caminho do seu calvário.

Mas estas particularidades linguísticas, muito úteis e interessantes para uso interno, criam dificuldades extremas para os visitantes acostumados a outras falas. E, desgraçadamente, estou neste caso. Vermelho para mim nunca foi outra coisa senão vermelho. Meu dicionário não tem sinônimos para ele. Que adjetivo usarei para os peixinhos que sempre considerei vermelhos e que são a graça deste aquário?

XVI

Leve desentendimento com o brilhante jornalista a propósito de democracia e eleições. Depois, Alfama, Mouraria, mariscos, vinho, guitarras. São amigos que me levam. O fado é triste.

XVII

Como é difícil formar-se uma rodinha... Quantas escusas e impugnações... São oito milhões de inimigos pessoais! E a observação, a convivência, a intimidade, fazem com que desprezemos a limpeza das ruas e das fachadas, o orgulho de uma falsa ordem. Mais importante é a claridade das almas, caiadas de destemor, varridas de todo o medo, misturada com um pouco de balbúrdia.

XVIII

Vejo do alto o Tejo que se confunde com o mar. O castelo domina o morro e a cidade branca, mourisca. É preciso voltar, voltar sempre, continuadamente, apesar de tudo. Portugal é lindo. Lindo e amorável. E é um pouquinho nosso.

Suíça

Genebra

I

A cidade é quase pasteurizada e tem bicicletas demais para meu gosto. Como a legislação lhes é favorável, os automóveis têm que andar com muita atenção, senão estão desgraçados. E por isso os ciclistas de todas as idades e condições metem o peito sem a menor cerimônia, tornando-se perigosíssimos para os pedestres incautos que açodem de todas as partes do mundo.

Para acabar com tal praga, lembrei propor à Municipalidade a vinda de uns oito lotações cariocas, que numa semana dariam cabo duns oito mil ciclistas e restabeleceriam o prestígio do chofer. Como nos encontramos num país altamente democrático, estão discutindo a proposta. E enquanto não vem a solução, embora as discussões de interesse público sejam muito rápidas nas assembleias legislativas, pois os seus membros não vivem profissionalmente dos cargos eletivos, trabalhando quase graciosamente para o bem geral, poderemos dar uma olhada no lago Lemano, que, com seu esguicho de baleia e o recorte eternamente nevado do monte Branco, ao longe, é o principal meio de subsistência genebrino.

II

O lago é um cartão-postal. Cansa mais que as infinitas vitrines de relógios. Como trago uma boa bronquite, cerco-me de mil precauções, porque é proibido cuspir no lago, nas calçadas, nos canteiros floridíssimos. E noto aí a primeira falha do organizadíssimo povo suíço — por que não põem escarradeiras no lago, nas calçadas, nos jardins impecáveis? Essa história de guardar catarro no lenço não é um hábito muito prático. E poderia ser cobrada cada escarradela, porque, afinal, o que é que não é pago na Suíça?

III

A catedral de São Pedro, começada em 1150, teve a torre do meio terminada em 1525, o que poderá ser um dado básico para as obras paulistanas da catedral de São Paulo, que, para orgulho do nosso engenho arquitetônico-eclesiástico, é em estilo gótico. A visita à catedral é gratuita, detalhe tão detalhe que é esclarecido em letra vermelha no guia. Mas o acesso à torre norte, de panorama incomparável, como garante o mesmo guia, custa 80 cêntimos. Atendendo a um inteligente plano cultural, as crianças só pagam 50 cêntimos.

IV

A Organização Internacional do Trabalho, conhecida também como Organização de Férias Remuneradas, desde 1925 espera a decoração de uma de suas salas pelo Brasil, como foi prometido e cumprido por todas as outras nações filiadas. Como não podia ficar vazia, um espírito caridoso de ignorada identidade encheu-a com os trastes mais curiosos que pode conceber o talento humano, criando dúvidas gerais quanto à original utilidade do mobiliário, que não se sabe bem se foi de sala de jantar ou de quarto de dormir, porque para a primeira faltaria a mesa e para a segunda faltaria a cama.

V

O elevador do hotel tem instruções escritas para manejá-lo. E antes delas uma advertência importantíssima: "É proibido o uso do ascensor por menores de 15 anos, quando não acompanhados de pessoas adultas."

Como sou uma pessoa adulta, caminho valorosamente para o primeiro item, desprezando ostensivamente os demais: "Para pôr o ascensor em movimento, cerrem-se bem as portas e faça-se uma pequena pressão sobre o botão do andar para onde se deseja ir."

Faço a pequena pressão e sou maravilhosamente transportado, a uma velocidade de cinco quilômetros por ano, ao andar térreo, onde o porteiro corre a abrir as duas portas, emocionado com a minha perspicácia e coragem.

VI

A brasileirinha reclama:

— Terra desgraçada! A gente não pode nem tomar banho depois das dez horas da noite, porque a vizinhança reclama o barulho do chuveiro!

VII

E como falamos em brasileira, falemos também de um brasileiro. Era um desses camaradas despachados, conversadores, poço de fácil simpatia, cujos parentes, de alto prestígio político, lhe haviam conseguido uma polpuda comissão, polpuda e descansada comissão junto a uma dessas organizações internacionais de que o Brasil é sócio, e cuja sede é Genebra, de clima tão bom e tão perto de Paris.

E foi com este encanto pessoal que furou a barreira de um conceituado genebrino, gente retraída e desconfiada por natureza, sedução que levou o suíço a cometer um verdadeiro ato de loucura — convidou-o para jantar em casa. Está a ver que o nosso patrício aceitou imediatamente, comprometendo-se para as oito horas do próximo sábado. Mas às oito horas do sábado aprazado, o nosso alegre representante estava era de folia numa farra automobilística à volta do lago.

Na segunda-feira encontraram-se, e o anfitrião blefado, grave, interpelou o convidado faltoso sobre o incompreensível *forfait*. O nosso cabra não teve dúvida — sapecou uma mentira brasileira:

— Ó meu caro, você me desculpe, mas foi impossível jantar em sua casa. Você não pode imaginar como fiquei contrariado! Mas chegou uma ordem urgente do Brasil, urgentíssima mesmo, e fui obrigado a ir sem demora a Lausanne tratar do caso.

— Mas por que não avisou, amigo?

O simpático rapaz fez uma cara de surpresa:

— Não avisei? Como não avisei? Então não recebeu meu telegrama?

O homem não tinha recebido nenhum telegrama. Boquiaberto, perguntou:

— Mas em que dia passou este telegrama?

— Na sexta de tarde, logo depois que recebi a incumbência de ir a Lausanne.

— É inacreditável! Vou fazer uma reclamação.

E foi direto ao telégrafo e apresentou sua queixa de que um telegrama passado por um amigo estrangeiro, na sexta, e a ele destinado, até aquele dia não havia chegado às suas mãos! A direção dos telégrafos não podia acreditar, mas mandou abrir imediatamente inquérito, e o emitente foi convidado a comparecer dentro de vinte e quatro horas à Justiça para prestar o seu depoimento e dizer em que agência e guichê havia apresentado o telegrama, pois na Suíça ninguém traz recibo de telegrama, porque nunca foi preciso.

Aí, quem se meteu na história foi o ministro do Brasil. Chamou o camarada e embarcou-o em menos de uma hora para a França, porque senão ele ia comer uma cadeiazinha, por crime de calúnia contra um serviço do Estado.

VIII

E quando entrei na fila do correio para mandar uma carta para a minha namorada, demorei um pouquinho a ser atendido, porque dois sujeitos graves estavam mandando galinhas e frangos registrados.

Montreux

I

Os americanos fazem estradas para automóveis. São largas, seguras, técnicas, permitindo velocidade e evitando quilometragem, porque quilômetro é tempo e tempo é dinheiro, algumas vezes, prazer.

Os europeus fazem os automóveis para as suas estradas. São pequenos, estreitos — porque as estradas em regra geral são estreitas e tortuosas, do tempo dos romanos — e econômicos, porque o padrão europeu é mais baixo que o dos Estados Unidos.

E através de paisagens podadas, de campos penteados, de terra lavrada a cada palmo e de muitos anúncios de mansões para vender, por razões do aumento dos impostos, das dificuldades de criadagem ou do pânico de guerra, vou imaginando que bom teria sido se os romanos, submetendo o gentio tupiniquim, tivessem também iniciado o traçado da nossa infindável Rio-Bahia.

II

Comparando com os jornais americanos ou com os melhores brasileiros — vejam só! —, os jornais europeus, com raríssimas exceções, são publicações roceiras de um interesse tão local e mofino que irrita. E numa breve parada, à margem do lago, enquanto molho a garganta com o vinhozinho que não é suíço, pois os da terra são um pouquinho duros, passo o olho pela *Tribuna de Genebra*, em cuja primeira página há uma coluna de lirismos alpinos, e saboreio o severo comentário que traz sobre o cidadão que, querendo aprovar um bote especial da sua invenção, feito de pneumáticos, se despejou pela Niágara abaixo, transformando-se lamentavelmente em picadinho. Que importância tem para o progresso humano uma tentativa dessa natureza? — finaliza o indignado comentarista.

Mas que importância tem — pergunto-me — para o progresso da humanidade que, diariamente, como a mesma gazeta discretamente noticia, três a cinco cavalheiros despenquem-se dos Alpes em fracassadas tentativas de querer ver de mais alto a paisagem que eles veem todos os dias?

III

Mas não apenas notícias inúteis se leem nos jornais. A transcrição da mensagem emitida pela Rádio do Vaticano, que tem microfone de ouro, por ocasião do segundo aniversário da agressão nazista contra a Polônia, nos proporciona matéria para altos e sublimes pensamentos. Trata ela de estatísticas oficiais a respeito da última guerra. A Organização das Nações Unidas garante a veracidade dos números, mas adverte que tais dados ainda poderão ser ampliados. E enquanto não vêm os aumentos, a brincadeira está nesse pé: 32 milhões de homens morreram nos campos de batalha; 20 milhões de crianças e velhos morreram com os bombardeios aéreos; 25 milhões de pessoas sucumbiram nos campos de concentração; 29 milhões de pessoas ficaram feridas ou mutiladas; e 20 milhões de criaturas perderam todos os seus bens.

IV

Irrequieto, insatisfeito, o lânguido diplomata patrício (tachada Linhares) passa, gozando férias, meio dia no máximo em cada lugar. Dessa forma ágil e nervosa viu Roma, Milão, Nápoles, Veneza, Bolonha e Florença. Dessa forma se prepara para ver a França, já que a Suíça está no papo. Em Montreux, porém, uma incerteza tremenda o consome — não sabe se será verde-musgo ou amarelo-canário a suéter que comprará.

Lausanne

I

Henri e Oto tinham dezenove anos e eram meio bobos. Aos domingos, em vez de irem passear com as moças da localidade, preparavam um farnel, calçavam sapatos ferrados, enfiavam-se em grossas malhas, muniam-se de cordas e de ganchos e, com uma peninha no chapéu para atrapalhar, iam galgar montanhas, o que é próprio de cabritos.

Deus castiga os maus procedimentos, mas nunca o faz de maneira completa, porque se assim fosse ninguém aproveitaria a lição. No caso em questão, o castigo foi de cinquenta por cento — Henri escorregou numa beirada de pedra e sumiu numa buraqueira gelada.

Oto tentou acudir o companheiro, mas não lhe foi possível. Gritou por socorro, mas só muito tarde, quando a voz do rapaz lá embaixo se calara, seus apelos foram atendidos. Nem o jovem foi salvo nem ao menos conseguiram encontrar o seu corpo, apesar de todos os esforços.

Oto nunca mais trepou em pedra, gelada ou não. Passou a uma vida decente, trabalhou, namorou, casou, teve filhos, que são, como ele, relojoeiros.

Quando já completara sessenta anos de contemplar diariamente a traiçoeira montanha, eis que um grupo de mais ousados e adestrados alpinistas consegue aprofundar-se por uma estreita fenda de gelo, de tremenda profundidade, e encontra o corpo frigorificado e perfeito de um jovem. Alçam o triste achado, que é conduzido para a vila. Dá um troço na cabeça de Oto, de natural pouco curioso, e ele vai ver o corpo. Era o do amigo, o amigo de quarenta e um anos passados, ainda novo, forte, quase belo, enquanto ele, que estava vivo, era um pobre homem sem cabelos, sem dentes, obeso e alquebrado, com algum dinheiro no banco.

II

Importa-se queijo da Suécia! E não é pouco, não.

III

São as melhores batatas fritas do mundo! Mas ponham antes um pouquinho de sal.

Vevey

Constato com emoção o seu progresso limpo e arborizado, que sobe pela montanha prenhe de hotéis, para rente ao lago em adormecido cais, espelha-se no lago com bandeirolas nos mastros.

Sinto ímpetos de entrar pela prefeitura adentro e participar ao prefeito que durante doze anos da minha melhor mocidade, e por um preço que ele dificilmente acreditará, vendendo leite condensado, leitelhos e farinhas láteas, contribuí para o desenvolvimento da sua cidadezinha. Mas a modéstia é uma das molas fortes do meu caráter. Contento-me em contribuir ainda para o seu engrandecimento adquirindo, num quiosque de madeira, dois tabletes de chocolate com nozes, que vou saboreando no automóvel.

E não sei por que acrobacia poética senti, quando abandonava a cidade, que ali estavam enterrados, em imaginário cemitério, mil pensamentos de vida formulados, que os leites condensados não deixaram durar muito.

Zurique

O ônibus das nove e quatro para o aeroporto sai realmente às nove e quatro. Problema assaz difícil é identificar uma farda suíça. Nunca se sabe se tratamos com um bombeiro, um carteiro, um soldado ou um general.

— Nada a declarar? — pergunta sério o fardadíssimo cidadão da alfândega.

Havia um começo de gripe, mas foi tanta a alteração que isto provocou que quase perdi o avião.

Inglaterra

Londres

I

Dentre as aldeias do mundo, Londres é a maior. Às dez horas da noite já não há mais nada — o Big-Ben não é para inglês ver, é para inglês ouvir. Como arribei no trem das dez, até que chegasse ao hotel e conseguisse me entender com o circunspecto *gentleman* encarregado da recepção, levou tempo, de sorte que a única solução para comer, problematicamente sugerida pela portaria, seria apelar para Soho, o bairro dos boêmios.

No bairro dos boêmios só havia um restaurante aberto — o resto era silêncio —, um restaurantezinho italiano, que foi verde em outras épocas boêmias, que não tinha mais que trinta lugares e onde só havia estrangeiros empenhados em fracativas macarronadas.

Quando saí, as pernas pediam rua para desentorpecer. Raros e encapotados vultos apressam-se pelas vielas escuras, tortas, labirínticas. A lua de Londres vela o sono dos londrinos e banha de frágil luz as fachadas de tijolo, os tristes vestígios de bombardeios. Por aqui e por ali, sem que nenhuma Ariadne me valesse, acabei em Piccadilly Circus. Do alto da coluna, o cupido de alumínio, numa perninha só, armava flechadas inúteis contra nenhum peito enamorado.

II

Palito é falta de educação. Guardanapo e papel higiênico, não.

III

Também é falta de educação botar sal em cima da comida, que jamais o tem. Deve-se botar num cantinho do prato e utilizá-lo discretamente a cada garfada.

IV

De vez em quando a rua muda de nome, vai assim por dois ou três quarteirões, voltando depois ao nome inicial.

Praça às vezes é rua e rua às vezes é praça.

V

Certo membro feminino da família real, em caridoso *garden-party*, inaugurou um novo tecido inglês, honra da indústria têxtil, e do qual era feito tanto o vestido como a roupa interior, expressão esta que substitui a de roupa de baixo, termo por demais indecoroso para o puritanismo britânico em geral e real em particular.

Mas não somente em teares o gênio inglês apresenta novidades. Também na indústria fotográfica. E um fotógrafo inconsequente aproveitou a social oportunidade para estrear um tipo de filme de especial qualidade. A aristocrática dama prestou-se, sorridente, ao instantâneo que iria abrilhantar a primeira página dos jornais, e o resultado foi que apareceu, na revelação, apenas com dois objetos — o elegante chapéu de plumas e a sombrinha vitoriana.

VI

Arenque é um feixe de espinhas defumadas.

VII

A vida é dura, comida é um mito, morre-se de frio no inverno, mas a mulher do povo não dispensa chapéu. Em Bond Street, a sexagenária está muito dignamente exercendo a sua função matinal. Ajoelhada, um balde ao lado, limpa o degrau comercial, cigarro na boca e chapelote de palha e veludo pretos no alto dos cabelos grisalhos.

E me lembrei de certo romance inglês em que uma mulher, exatamente como aquela e fazendo o que ela fazia, dizia, cheia de orgulho, para o limpador de chaminés: o que eu sou devo a mim mesma.

VIII

Para os colecionadores de caixas de fósforos, Londres é um campo assaz apreciável. Cada dia de colheita poderá lhes render cerca de dez marcas diferentes.

IX

Os metrôs são rapidíssimos, param nas estações instantaneamente, mas levam meia hora para abrir as portas automáticas.

X

Nada há mais limpo, imaculadamente limpo, que os degraus de mármore da entrada e as artísticas fechaduras da porta da rua. Brilham de brancura e dourado, respectivamente. Consomem-se de tanto serem esfregados. Mas não passem da entrada, pelo amor de Deus!

XI

O cheiro das casas inglesas é qualquer coisa de indescritível, mistura de mofo, rato morto, gordura azeda, que doses diárias de desinfetante não conseguem vencer, senão de maneira muito fugaz.

XII

Casal estrangeiro e inocente alugou apartamento mobiliado e atapetado, numa rua de Mayfair, que é bairro central e elegante. Mas o tapete do quarto exalava um cheiro tão extraordinário que era impossível dormir. Chamaram a lavanderia especializada e mandaram lavar a tapeçaria toda da casa. Seis meses depois, ao se mudarem, o senhorio os multou porque o tapete estava de outra cor e realmente estava mais claro, quase com a cor, original. O casal protestou e o senhorio, munido do britânico contrato, bateu às portas dos tribunais e, como a justiça britânica é severa, o casal perdeu a questão.

XIII

A abadia de Westminster é um vasto e desarrumado cemitério, com gente enterrada até no teto. Quem quiser contemplar a velha cadeira da coroação, que perca amor a um xelim, mas avisamos que não é lá grande coisa, preferível será gastá-lo para ver as joias da Coroa, na Torre de Londres, onde terão ainda a gratuita oportunidade de ver o lugar, junto à capela, onde várias senhoras de Henrique VIII perderam a cabeça.

Quanto ao túmulo do Soldado Desconhecido, está na entrada da nave e tem uma cercadura de papoulas de papel.

XIV

Semana inglesa mesmo, só no Brasil.

XV

O *News of the World,* jornal ultraescandaloso e de inapreciável tiragem — fala-se em milhões —, é o prato servido à puritanice britânica para encher as largas horas dos domingos em que a religião fecha tudo, já que antes das cinco horas da tarde, quando os reverendos consentem na abertura das portas, não há possibilidade de programa.

Em matéria de escândalo, o prestigioso jornal não tem especialidade, contudo capricha mais nos casos de adultério, a respeito dos quais é extremamente meticuloso. Fornece os nomes dos participantes com os respectivos endereços, para evitar qualquer dúvida, mesmo porque essa história de nome igual de gente e de rua é mato e poderia complicar a vida de muito inocente.

Entre os pratos oferecidos hoje, é justo destacar o caso do ilustre cirurgião. Andava ele desconfiado do pecaminoso comércio que a esposa mantinha com um arrojado aviador da RAF. Arquitetou, portanto, um truque originalíssimo para apanhar a faltosa. Pretextou um chamado de urgência para fora de Londres, meteu na maleta os apetrechos cirúrgicos, disse que voltaria somente no dia seguinte e foi para o bar da esquina — popularmente conhecido por "pub" — esperar a hora H. Na paciente espera ingeriu duas ou três cervejas, detalhe este conscienciosamente consignado nos autos como todos os que se seguem.

Com britânica precisão, às dez em ponto, o aviador compareceu à casa do facultativo. Madame já havia dispensado os dois honrados criados, que foram naturalmente gozar a folga em outros "pubs", e ela própria atendeu ao primeiro soar de campainha, envolta em sedutor penhoar azul, exibido mais tarde aos olhos dos magistrados, que puderam perceber nele ainda um suspeito perfume de violeta de Parma.

Da mesma forma com que aguardava o tempo suficiente para a ação dos anestésicos lhe permitir intervir com êxito na barriga dos clientes, o médico esperou o tempo bastante para sua intervenção marital ser coroada de sucesso, sucesso este representado pelo patenteamento da traição irretorquível. Uma hora seria prazo suficiente, mas como às dez termina irrevogavelmente a venda de bebidas alcoólicas e os "pubs" se fecham, viu-se na necessidade de cumprir a hora de espera perambulando pelo adormecido quarteirão.

E às onze horas, afinal, abriu a porta para surpreender a infiel. Mas ao transpor o vestíbulo, deu com a esposa e o ás muito cordialmente conversando no sofá da sala de visitas, em atitude tão respeitosa, apesar do penhoar sobre a pele, que seria para sentir-se desarmado. A esposa mostrou-se surpresa da sua volta e ele foi obrigado a mentir, em atenção ao visitante, aparentemente muito despreocupado, que a operação fora transferida, mas que disso só tivera conhecimento quando passara pela casa do colega que o acompanharia. Madame era dura na queda: mas por que, então, ficou na rua? Nova mentira: o colega estava preparando uma memória para ser apresentada à sociedade médico-cirúrgica e passaram algumas horas discutindo determinados pontos da interessante comunicação. A esta altura, pouco interessado em problemas operatórios, o aviador despediu-se dizendo que já estava na hora. Hora de quê?, pergunta o marido. E é madame quem responde pelo bravo militar: hora de tomar o trem. O rapaz ia viajar no trem da meia-noite e estivera ali fazendo tempo para o embarque, em agradável conversação.

Cerrada a porta sobre o visitante, o casal caminha para o quarto de dormir, onde o marido constata o desalinho do tálamo conjugal. Dirige-se para o móvel, cheira travesseiro e cobertas, percebe o perfume de uma brilhantina que não era a dele e faz o maior diagnóstico da sua vida — este homem esteve aqui! Com a maior candura a esposa confessou que sim, que estivera ali. Estava cansado, voara o dia todo em perigosos exercícios, sentira vontade de repousar um pouco e ela não vira nenhum inconveniente em ficar ao lado do jovem, enquanto ele cochilava alguns minutos.

Mas aí o conhecido cirurgião já não estava mais para histórias — e telefonou para o advogado.

XVI

No parque de diversões, grande de se perder, a gente só sabe que o inglês está se divertindo porque traz na cabeça um chapéu bizarro e colorido, de papel ou de palha.

XVII

Uma das mais extraordinárias atrações do parque é o "Passeio na árvore", cuja descrição não nos furtamos de fazer.

Uma espécie de escada de bordo sai do chão, vai ao vigoroso galho de um imenso carvalho, dá uma volta, passa para outro galho, projeta-se em reta para o galho de outro carvalho, faz ligeira curva, ascende a um galho mais alto, daí atinge o ramo ainda mais elevado de um terceiro carvalho, rodeia-lhe o tronco, desce para o segundo carvalho, faz uma quina, pula para o primeiro, torneia o tronco e vai terminar no chão, num trajeto que pode ter uns trezentos metros.

No vegetal percurso armam-se ninhos de pássaros exóticos com grandes ovos de cores infantis, empoleiram-se aves de olhos luminosos, penduram-se gatos em balanços, escondem-se corujas de olhos fosforescentes em ocos de pau, estendem-se lagartas de papel iluminadas por dentro, dependuram-se gigantescos frutos e flores luminosos, alçam-se lanternas japonesas e colocam-se barbudos anões sentados nos galhos em variadas e acrobáticas posições.

E, a um xelim por cabeça, a fila de interessados neste palpitante divertimento é interminável.

XVIII

Paro numa vitrine de Oxford Street, que é uma vitrine especializada em vestidos somente para mulheres gordas. A freguesia é grande e sem complexos. Há manequins com seios maiores do que abóboras.

XIX

O inglês está sempre bem apresentado, e como boa apresentação compreende-se barba feita e sapato engraxado. Da indumentária se contenta em só mudar o colarinho.

XX

Os bancários são obrigados a usar um grave uniforme que infunda respeito e confiança: paletó de mescla escura, calça listrada, colarinho duro, chapéu-coco e pasta. Usam também olhar grave.

XXI

Depois da vitória trabalhista, o inglês grã-fino anda sujo e remendado como quase todo o povo — propositada negligência para dar a impressão que o governo suga todas as suas rendas.

XXII

Mister Uplandtowers foi convidado para uma festa à fantasia em casa de um velho companheiro de universidade. Alugou um soberbo Mefistófeles e foi apertar o botão da campainha do amigo, que era figura respeitável e ainda com mordomo. Foi o mordomo, portanto, que abriu a porta e convidou o diabo a entrar.

O diabo entrou, foi conduzido ao salão, onde, à beira da lareira com pouco fogo, pois carvão é mais caro que o diabo, o amigo fumava o cachimbo noturno. Houve um cordial aperto de mão, e diabo e cavalheiro sentaram-se no acolhedor sofá de couro. Com uísque racionado, conversaram perfeitamente umas boas três horas, após as quais Satã se despediu para voltar na outra noite, quando seria realmente a festa, pois, por um erro que pode acontecer com qualquer cristão, ele havia se antecipado de vinte e quatro horas.

XXIII

A princesa Margaret é das arábias. Não têm conta as dificuldades em que já meteu a família real. Dois escândalos, então, foram de arrepiar — o de fumar em público e o de apresentar-se numa boate com vestido de baile preto, quando o preto é a cor do luto real.

Como tem a mesada curta, gosta de aplicar pequenos golpes, que as agências telegráficas distribuem pelo mundo inteiro. Sua elegância não é nada inglesa, e em Nova York, no ano passado, foi eleita "a mulher de olhos mais belos do mundo".

Não vou acusar a comissão de ter sido parcial, é que ela seguramente não conhece os olhos de certa guia de Verona, nem os olhos azeitonados de Consuelo Covarrubias, rainha da castanhola, flor de Granada e adjacências, nem os de Belinha Pinto, cravo do sertão mineiro e princesa de cabaré em Montes Claros, nem as jabuticabas de Teresinha, meu amor, que é dona dos meus encantos e onde mora eu não digo.

Mas em suma Margaret é boa-praça, e a resposta que deu à futura rainha sua irmã, que a importunava numa casa de modas, confirma este conceito:

— Cuide do seu Império que eu cuido dos meus chapéus!

XXIV

Os ingleses fazem economias de toda espécie. O Banco da Inglaterra, a partir de 10 de julho, fará uma revisão nas velhas cédulas antes de repô-las em circulação. Até aqui as velhas notas depositadas no Banco pelos outros bancos do país eram substituídas por novas. Agora serão lavadas e passadas numa prensa, que lhes emprestará uma nova mocidade.

XXV

O inglês é o povo mais lento para pensar que imaginar se possa. A famosa fleuma britânica não é calma nem auto-domínio — é pura lerdeza mental.

XXVI

E a falta de imaginação do inglês denuncia-se farta e prontamente no nome dos logradouros públicos londrinos. Se além da rua não se indicar o bairro, e às vezes o quarteirão, carta mandada está destinada a jamais encontrar o destinatário, porquanto não é justo que do bom correio inglês se exijam milagres.

E como pálida ideia dessa falta de imaginação, consignemos que Londres tem 24 Church Street, 4 Church Avenue, 4 Church Crescent, 4 Church Hill, 19 Church Lane, 6 Church Path, 37 Church Road, 5 Church Row, 3 Church Terrace, 2 Church Vale e 8 Church Walk; 11 King's Avenue, 20 King's Road e 5 Kingsway; 7 Queen's Avenue, 3 Queen's Place, 34 Queen's Road e 4 Queen's Walk; 8 Prince Avenue, 4 Prince Garden, 12 Prince Road, 3 Prince Square e 4 Prince Street; 34 Victoria Road e 4 Victoria Street; 27 Albert Road, 3 Albert Square e 5 Albert Street; 18 Park Avenue, 4 Park Crescent, 11 Park Lane, 7 Park Place, 44 Park Road, 10 Park Street e 4 Park Way; 4 Cambridge Avenue, 2 Cambridge Circus, 3 Cambridge Garden, 22 Cambridge Road e 4 Cambridge Street; 21 Green Lane e 6 Green Street. E assim por diante.

XXVII

Não me venham dizer que o inglês não é sagaz. Depois de dez dias de recusas sistemáticas, o garçom do pequeno almoço compreendeu que eu não gostava de aveia nem de leite.

XXVIII

Os trens têm duas classes: primeira e terceira.

XXIX

Pega-se uma rua e as casas são todas iguais, com pequenas diferenças nas fechaduras.

XXX

Rapaz sul-americano, de cabelos negros, olhos escuros e provocantes, espessas sobrancelhas, bigode pondo a boca entre parêntesis e pele levemente bronzeada, tornou-se amigo de jovem casal londrino. Mas os atributos acima mencionados acenderam no coração da jovem esposa uma chama, que o dono deles não se recusou a atiçar. Ao cabo de dois meses o incêndio dava na vista de um cego, e o marido não conversou — recorreu a um competente advogado e processou o desleal latino por crime de sedução. Os tribunais deram-lhe muito justamente ganho de causa, o sedutor pagou os cem guinéus que constituíam a indenização exigida pela vítima e a paz voltou ao lar do casal, que continua muito feliz.

XXXI

Guinéu é uma libra com penacho. Vale vinte e um xelins.

XXXII

Por ter feito a revolução industrial, o cidadão britânico está piamente convencido de que não há operário melhor assistido no planeta, quando na verdade bem poucos operários vivem em piores condições do que o inglês. Visitar um distrito carvoeiro é ver cair a alma da gente aos pés. Imagine-se uma favela sem sol!

XXXIII

A indústria do carvão é deficitária. Não agora, mas desde sempre. A frota mercante é deficitária. A tão famosa indústria têxtil, como toda indústria inglesa, não está racionalizada, e em recente inquérito efetuado nos Estados Unidos, por uma comissão inglesa de técnicos, apurou-se que um operário americano rendia vinte vezes mais que um inglês.

XXXIV

Chá, café, chocolate, açúcar, gordura, bacon, trigo, manteiga, tudo está superlativamente racionado. Ovo, é um por semana! Carne, há crianças que não a comeram! Porque tudo que a Inglaterra come vem de fora e custa ouro. Mas o inglês é estoico. Tudo suporta sem um protesto, num sofrimento que o engrandece. Mas espera as eleições para manifestar-se contra os trabalhistas — que voltem os conservadores!

Os conservadores voltaram. E as primeiras providências que tomaram, embora não estivessem no programa eleitoral, foram medidas para mais racionamento.

XXXV

Embora se morra de fome dentro de casa, o respeito pela vida humana na rua é um fato, e os culpados por acidentes estão desgraçados na unha da lei.

Para um carioca é verdadeiramente comovedor ver a marcha dos veículos nunca exceder de quarenta quilômetros, o transeunte ser o preferencial, pararem ônibus e automóveis com acenos dos motoristas para dar passagem aos pedestres. Como comovedor é o comportamento dos choferes de táxis — atenciosos, serviçais, hábeis e decentes. Os taxímetros registram realmente as distâncias percorridas. E carregar malas não é vergonha para nenhum.

XXXVI

Dedinho para a direita e uma moedinha — *ladies*. Dedinho para a esquerda e pipi de graça — *gentlemen*. De um lado e de outro, o cheirinho de desinfetante.

XXXVII

A Scotland Yard é um monumento da ineficiência. Acerta como pode um inocente acertar no Sweepstake. Toda a sua fama vem de Conan Doyle e dos romances policiais.

XXXVIII

Aos domingos os jornais não saem porque uma lei trabalhista o proíbe, mas não sendo razoável que aos domingos, exatamente aos domingos, quando há maiores vagares, se fique sem notícias impressas, sempre se deu um jeito para não privar o povo desse salutar entretenimento. Por artes da jurisprudência, concluiu-se que só não deveriam sair aos domingos os jornais que apareciam durante toda a semana, mas a publicação que se desse ao luxo de passar seis dias descansando era supercabível que poderia aparecer dominicalmente. E assim temos o *Sunday Times*, o *Sunday Express* e o *Sunday Pictorial*, que embora com sedes diferentes, direções diferentes, redatores diferentes e capitais diferentes, correspondem tacitamente ao *Times*, ao *Daily Express* e ao *Daily Mirror*, pilares da opinião londrinense.

XXXIX

A vida sem restrições é outra coisa.

Dover

Os caminhos têm mil perigos. Se você pronuncia "êi" em vez de "êei", acaba em outro lugar.

Acabei.

Oxford

I

Cinzento céu cinzento feito de nuvens cinzentas. Na estrada de macadame cinzento o velocímetro está dentro da ordem — a quarenta, nada além de quarenta. Mas um que outro maluco passa por nós a sessenta. Os carneiros engordam na paisagem preparadinha. As vilas se sucedem. E não há nem boteco aberto porque hoje é dia do Senhor.

II

Cruzamos os muros da cidade, outrora pedra defensora, hoje relíquia e decoração. Pode ser que não se aprenda nada em Oxford, mas que impressiona, impressiona.

III

Cada colégio tem o seu parque, cenário tranquilo e imensamente florido, de muros bucólicos sob galhos bucólicos, permanente convite à meditação e à poesia.

Os patos são os donos do lago, para o qual os chorões se curvam com languidez. Os gramados maravilhosos servem para a gente não pisar.

IV

Hotel majestoso. Escada majestosa. Banheira virgem.

V

O puritanismo colocou a comida no índice das coisas luxuriosas. Foi-se o puritanismo, mas o inglês continua puritano, pelo menos por fora. Não há comida mais tola e insossa sobre a face da Terra. Tudo o que de mal se disser dela ainda não será o bastante, palavra de honra. Mas se a comida é má, a classe é alta. Garçons de casaca, com salvas de prata, enxameiam à volta da mesa florida, de toalha alvíssima e porcelana fina com monograma hoteleiro. A cada segundo, uma nobre mesura. E não falam — segredam. E usam passos de fantasma trafegando nos grossos, solenes tapetes. E tanta distinção obriga a aceitar e engolir sem um queixume a gelatina escarlate, escarlate como se tivesse vergonha do seu opróbrio.

VI

A mulher limpou a carinha do filho no lenço embebido no cuspe maternal. Depois continuou a almoçar.

VII

Em cada colégio os mesmos tristes corredores de carcomida pedra, o mesmo cheiro de mofo, os mesmos retratos de peruca, as mesmas bibliotecas escuras como a noite, os mesmos brasões assinalando a passagem de aristocráticos estudantes, as mesmas placas com os nomes daqueles que a guerra levou e a mesma incógnita — refeitório ou catedral?

VIII

Ai, ai, ai! Estou dando muita sorte com as velhas. E como há velhas!

E uma delas é caixa, e outra é diligente garçonete da casa de chá, baixa de teto, cheia de pratos nas paredes de madeira, a única que encontramos aberta na curva rua central. E ambas estão feridas pela minha tostada presença sul-americana. Uma de longe, às voltas com os complicados trocos, outra circulando constantemente junto à nossa mesa, equilibrando bules e xícaras, acendem perturbados sorrisos.

Quando o amigo, que me acompanha, passa pelo balcãozinho de pagamento, a caixa não se contém:

— Que moço tão alegre, o seu amigo! Vai ficar na cidade? Infelizmente não. O resto da Inglaterra me espera.

IX

No Trinity College há macieiras carregadas. Compreende-se — é a árvore da sabedoria. E compreende-se também os versos de Vinicius de Moraes, na balada oxfordiana:

"Naquele cantinho, coco de ratinho,
Naquele cantão, coco de ratão."

Suécia

Estocolmo

I

Quebranto, mal de moela, nó na tripa, espinhela caída são feitiços que atrasam a vida de um cristão, espinhela caída, então, é desastre pior que pecado mortal, para o qual ainda há remédio católico. Mas como a esperança é apanágio das almas, para tentar livrar de tal calamidade, tomemos o caminho da medicina.

Em medicina, como em cardápio, o que exijo é o melhor, e o melhor em clínica geral é a professora Nanna Svartz, que é médica do rei e do marechal Stalin, que quando tem suas dores de barriga não quer saber de outra pessoa na cabeceira. Para tanto, envia avião especial que carrega a professora e a traz de volta com cuidados de porcelana. Naturalmente, a cada retorno ela é assaltada por jornalistas que desejam saber o que se passa lá atrás da cortina, mas a professora, com a discrição dos grandes cientistas, a todos responde que suas observações foram de estrito caráter profissional, o que aborrece muito correspondente estrangeiro, ávido de palpitantes declarações.

Despir-se na frente de uma senhora tem seus momentos próprios ou especiais. Este foi especial. E as mãos experimentadas, fartas de apalpar o corpo do marechal, dão um passeio investigador pelo meu esqueleto, portador de aborrecimentos íntimos que nunca preocuparam o temeroso Zé dos Bigodes. E no final do passeio, completado por radiografias e análises de vários líquidos, foi concluído que ainda me resta a possibilidade de permanecer no planeta para assistir a fabulosos acontecimentos, aos quais talvez não seja estranho o outro cliente ilustre da famosa professora. Naturalmente, para que participe como espectador, tenho que me submeter a um regime feroz. Mas como minha alma já tem seu treino ditatorial, está perfeitamente capaz de suportar com decência o regime de força imposto pela suave senhora de olhos azuis, algumas rugas e brancos cabelos, porque me esqueci de dizer que a grande fada da medicina já passou dos sessenta, o que deixa a gente mais à vontade, quando nos obriga a ficar diante dela nos trajes que provocaram um temporal na vida legislativa do empresário teatral Barreto Pinto.

Ocorreram-me, contudo, algumas dúvidas ainda a respeito do desvio espinhal, que foram plenamente esclarecidas pela sábia senhora, que, de natural quase telegráfico nas suas conversas de consultório, abriu um parêntesis de expansividade e fez ponderosas considerações sobre um problema ósseo que até hoje a ciência não pudera concluir de maneira plausível — haver espinhas que, embora retíssimas, possuam uma disposição especial para se vergarem até o nível dos tapetes, quando outras (e a professora Svartz citava a minha), mesmo fora do eixo, e marcadas por devastadoras fraturas, não havia meio de dobrarem.

Porém, mais confusão ainda lancei na dúvida científica, ao me curvar humilíssimo diante da enfermeira-chefe, quando ela me apresentou, em nome e com os cumprimen-

CORREIO EUROPEU

tos da professora, o preço das quatro consultas e de todos os exames — setenta coroas, o que, fazendo um câmbio muito desfavorável, dá trezentos e cinquenta cruzeiros.

II

Apesar de atléticos e entusiasmados, os jogadores de futebol não são tão bons como os melhores do Brasil, mas são bons padeiros, bons carpinteiros, bons mecânicos, bons bombeiros, bons estudantes, o que quer dizer que ainda são amadores e só cuidam praticamente da bola quando chega o domingo, de sorte que uma vitória flamenga de um a zero sobre eles tem tanto valor, aos olhos da imparcialidade, como as surras infligidas aos rapazes do Grajaú pelos diabólicos cestobolistas pretos do Harlem, que do seu invencível malabarismo profissional não fazem nenhum cabedal como se viu.

O estádio de Estocolmo não é o maior do mundo, mas não cheira a urina nas suas passagens subterrâneas, é todo cercado de jardins, está acabado por dentro e por fora, possui estátuas de apurada condição artística e é aparelhado para a prática de todas as atividades esportivas, e não apenas para o futebol.

O que há de maior em Estocolmo não é o estádio, são as escolas e os hospitais, sendo que o mais novo deles, o Karolinska, iguala ou supera em aparelhamento moderno o que há de mais transcendente nos Estados Unidos, que é terra feliz de hospitais. E o preço neles cobrado para uma operação, de qualquer natureza, e a consequente permanência, pelo tempo que for necessário, é um pouco menor do que o preço de uma cadeira numerada para o jogo Bonsucesso x Bangu.

Pelo mesmo preço, e com a mesmíssima assistência, os hospitais recebem o mais modesto operário ou o próprio rei, pois não há privilégios. Isso porque a medicina, na Suécia, é socializada. Os médicos recebem do Estado uma quantia que envergonharia um enfermeiro do pronto-socorro, mas, como o custo da vida é módico, se arranjam perfeitamente, vivendo num padrão que nem os americanos alcançaram.

Nos seus consultórios particulares, fora das horas obrigatórias de hospital ou ambulatório, os médicos poderão atender a quem bem queiram, mas os preços não são os que eles bem querem, e sim os determinados pela lei, que é severa e que pode cassar temporária ou definitivamente o diploma dos possíveis infratores.

Assim como é barata a medicina, a odontologia e a farmácia, cujo controle é do governo, e que não vende nem bicarbonato sem receita médica, é barato tudo que é essencial — comida, moradia, roupa, educação, meios de comunicação e transporte. O luxo é que pode ser caro, como fumar e beber, mas se é caro é sempre bom — a cerveja é realmente cerveja e o cigarro jamais se poderá tachar de mata-rato.

III

Automóvel não buzina, bicicleta não toca campainha, os bondes e tróleis têm rodas de algodão. O pipocar das motocicletas e o ronco dos aviões de turismo, que aos domingos sobrevoejam as quarenta mil ilhas do arquipélago, são os únicos rumores que cortam o silêncio público, porque cachorro não late, gato não mia, as crianças não choram e as pessoas falam baixo, sussurrando, como se trocassem palavras secretas ou amorosas. E ama-se na Suécia!

IV

As lojas têm argolinhas nas portas para a freguesia amarrar os cães, que ali esperam os donos com a maior compostura. Com a mesma compostura se mantêm no cabeleireiro canino, onde ficam sentadinhos em cadeiras, aguardando a vez, sem um rosnado, um latido, um cheirar de rabinho, compenetradíssimos.

V

Os quartéis emprestam ou alugam cavalos o dia todo para quem quiser passear, mas é indispensável a indumentária hípica.

VI

Como o inverno está às portas e o inverno escandinavo não é brincadeira, ora com ondas de rígido frio da Sibéria, ora com um semifog londrino, a única coisa que a Inglaterra exporta de graça, as últimas andorinhas estão indo para o sul da Itália, onde vão ser comidas com polenta, pois na Itália não há passarinho que escape à panela. Para apanhá-las, os italianos têm um processo muito engenhoso, que os alemães já usaram em campos de concentração — eletrificam as cercas. Quando elas baixam em bando, cansadas do prolongado voo, caem fulminadas, enchendo d'água a boca dos caçadores.

VII

Entro numa loja e o mesmo pano tem dois preços. Um é mais barato pois é do ano passado. Neste o governo autorizou uma pequena majoração, em virtude de ser material importado, e a coroa, para acompanhar os segredos econômicos do mundo, foi obrigada a sofrer uma desvalorização que permitisse manter a indústria sueca no campo da competência internacional.

Nos artigos de primeira necessidade, quando importados, e o nosso café — cujo consumo é espantoso na Suécia — está neste caso, os preços não se alteraram, porque o governo entra com a diferença do aumento, para que o povo não desequilibre a sua economia. Essa quota de sacrifício da fazenda pública em prol da bolsa popular é compensada pela intensificação da exportação, que a própria desvalorização da coroa favorece.

VIII

Quem guia automóvel não pode fazê-lo depois de ter bebido nem que seja um gole. Os inspetores de trânsito — insubornáveis! — têm ordens irredutíveis a respeito. À menor suspeita, fazem parar os carros e cheiram legalmente a boca dos motoristas. Qualquer dúvida poderá ser desfeita com um exame de sangue imediato nos laboratórios da polícia.

E quem apresentar vestígios alcoólicos ganha prisão forte, multa descomunal e até cassação, temporária ou definitiva, da carteira, conforme a taxa constatada. Mas o resultado é que ninguém morre debaixo de automóvel.

IX

Eis um problema que intriga os técnicos: por que um ônibus que dura seis anos na Suécia não chega a durar um ano no Rio de Janeiro?

Lembro que as companhias de transporte cariocas não são feitas para servir a população, são feitas exclusivamente para ganhar dinheiro, sem o menor respeito pela vida humana, e que os condutores não cometem a extravagância de serem mais responsáveis que os donos das empresas. E, ao confessar, dolorosamente, isso, me perguntam:

— Mas não há leis?

— Leis há muitas, não creio que em nenhum outro país as haja em tão grande quantidade. Mas o diabo é que ninguém as cumpre.

Sueco é bicho esquisito — não acredita em certas coisas que a gente diz e ri como se lhe tivessem contado uma anedota pornográfica.

X

Eric, meu garçom, desculpou-se por não poder me atender hoje ao jantar, já que tem o compromisso de ir servir na casa de um conde seu amigo, que faz anos, setenta anos, e receberá alguns íntimos.

Eric frequenta concertos semanalmente e usa casaca para ir à ópera, que é espetáculo sempre de gala. É amigo do rei e ainda mais do filho do rei, que trabalha em Copenhague como desenhista de uma grande fábrica de porcelana e objetos de prata.

Já tomei chá com ele, no seu pequeno apartamento sobre um jardim de mil crianças. Em Copacabana passaria por apartamento de grã-fino, se houvesse um grã-fino nacional com a loucura de uma estante de livros ocupando toda a maior parede da sala. Os móveis são claros. O quadro é de flores. Há uma quase imperceptível nota de viuvez. E Strindberg é o seu Deus.

XI

O café é ralo, mas é café, somente café...

XII

Estocolmo tem dezenas de parques, talvez não seja mais que um imenso parque, cortado por calmos braços do mar. E os parques são para as crianças, porque, para as crianças, todas as atenções são poucas. De velhos caminhões fazem-se brinquedos para elas. Que pode haver de mais sublime para um choferzinho de seis anos que guiar um caminhão?

XIII

Hoje vi uma mosca. Acho que era estrangeira.

XIV

Os órfãos fazem pequeninas flores de papel, que dão aos colegas mais felizes para vender na cidade. Quem não gosta de comprar uma flor mesmo que ela seja de papel? Ponho com orgulho na lapela a pequena flor sem classificação botânica, nascida no jardim da imaginação infantil.

XV

A senhora Ingrid tem 38 anos, um ar respeitável, porte senhoril e dá duro no trabalho. Sua especialidade é limpeza de apartamentos a hora por dia. Chega muito bem-vestida, chapéu, casaco de pele, luvas — uma perfeita dama, e sempre com um livro ou revista debaixo do braço. Muda de roupa no quarto da patroa e, depois, mãos à obra. O que ela faz em duas horas não é fácil para ninguém resolver em seis — lavagem dos ladrilhos e das pias, limpeza de vidraças, tapetes e cortinas, vasculhamento do teto, enceramento do chão e outras mais atividades domésticas de higiene, executadas com a máxima perfeição.

É casada e tem dois filhos — um rapaz, que é violinista e toca na mesma orquestra de hotel em que o marido é contrabaixo, e uma mocinha, que termina o curso de ginásio, mas cuja vocação para o canto é tão considerável que a senhora Ingrid, para garantir-lhe as lições de um afamado professor italiano, se vê obrigada a fazer algumas horas extraordinárias, dirigindo um caminhão numa companhia construtora, quando o motorista tem a sua folga semanal.

Aos sábados vai ao teatro, de preferência a concertos, acompanhada da filha. Aos domingos frequenta a igreja protestante e descansa um pouco, o que é mais que justo para quem durante a semana, além das funções de ganha-pão, mantém as obrigações domésticas próprias, isto é, ir às compras no mercado, fazer a comida, limpar a casa, lavar a roupa, costurar para a família etc. e tal.

Apesar de vida tão exaustiva, é uma mulher alegre, sempre disposta a uma boa gargalhada, e há um dia, de três em três meses, em que ela se dispensa de todas as funções — o pessoal de casa que se arranje! —, o de certas festas populares, que duram vinte e quatro horas consecutivas de cantoria, comedoria, jogos e danças.

Tendo cumprido o seu ritual festivo, apareceu risonha e disposta como nunca, cantarolando ainda esparsos trechos do bailarico.

— Divertiu-se muito, senhora Ingrid?

— Ooooh! — respondeu, porque o máximo de expressão que tem um sueco para manifestar seu contentamento é um prolongado e aspirado oh. E espontaneamente relatou, sem interromper o trabalho um só minuto, as intensas emoções da véspera, relato que lhe emprestava um ar extremamente juvenil. Estreara um vestido, comera à grande, dançara a noite inteira sem parar e tivera um flerte delicioso com um jovem de vinte anos, que era marceneiro.

— E seu marido, senhora Ingrid?

— Oh! meu marido... meu marido não foi. Fui eu só. Ele também tem o seu flerte.

XVI

Falar da mulher sueca é admitir a existência do *Brotosaurius stupendus*, classificação que Lineu, inexplicavelmente, não consignou no seu universal tratado.

XVII

Decorrente das condições excepcionais de vida e assistência, a longevidade é um fato. Os jornais, por sinal muito bem feitos, publicam diariamente os aniversários dos que entram na casa dos sessenta para cima, como assunto importante que merece retrato e destaque. Vai se ver e oitenta anos é mato.

E essa gente velha está constituindo um problema que tende a se agravar, pois como todo sueco, aos sessenta anos, pode se aposentar com plenos vencimentos, a quantidade de pessoal pensionado, e que portanto não produz, aumenta cada dia.

XVIII

Tudo tem seu limite, e a honestidade sueca também. Joias, valores, podem-se deixar sem susto à vista de qualquer um. Álcool não! E não é por outro motivo que a bebida é racionada e que o álcool, mesmo na sua condição mais simples de desinfetante e combustível, só é vendido em farmácias e sob receituário médico.

XIX

Os suecos ainda têm outros maus hábitos — o dos discursos, para citar um dos mais desgraçados. Reúnam-se cinco sujeitos à volta de uma mesa e haverá, fatalmente, cinco discursos e nada curtos. No caso de um banquete, o assunto é para enlouquecer.

XX

Vê-se muito bichano de estimação, com olhos de vidro, empalhado nas vitrines.

XXI

Abro uma gaveta olvidada, no quarto do hotel, e nela encontro uma Bíblia gravemente encadernada em preto e ouro.

"Este livro santo, em cujas páginas se refletem o caminho, a verdade e a vida, foi colocado aqui pelos cuidados da União Cristã dos Caixeiros-Viajantes, na esperança de que por ele o amor de Cristo, que se sobrepõe a toda inteligência, seja revelado à sua alma."

Alma de deserto, de areia sequiosa por água da verdade, em vão buscada na arte e na ciência, folheio as páginas do livro santo, na humana esperança duma chuva que venha transformar em fértil luz as trevas que a envolvem.

Quem procura encontra — é da palavra divina. E na reveladora página lá está: "O que acha uma mulher, acha uma coisa boa."

Embebido desta excelsa verdade, apago a luz, enfurno-me nos cobertores, que o frio anda forte, e entrego-me a um sono de justo, indiferente ao anúncio redondo e luminoso da Nordinska, que gira como lenta carrapeta e que antes me obcecava, a ponto de me obrigar a sedativos.

XXII

Se eu não sei sueco, ela — pomba do norte! — só sabe sueco. Mas conversamos ternamente e concluímos que a vida na Torre de Babel não devia ser tão atrapalhada como apregoam.

XXIII

A cidade velha é velha mesmo. Com traçado e edificações da Idade Média, ruazinhas estreitas e tortuosas como caminhos de rato, bastiões de altaneira pedra que mantinham o inimigo a distância, fica à volta do palácio real e incrustada no meio da metrópole que se expandiu. Mas está bem-conservada e limpa, como tudo que é nórdico.

XXIV

Dois leões gigantescos guardam a escadaria do palácio real e são da época de Carlos XII, que brigou muito e mereceu de Voltaire a subida honra de uma biografia.

Urrarão esses leões, quando diante deles passar uma virgem. E quem o diz não sou eu, que não invento histórias, é o irmão do velho rei, num livro de lendas escandinavas.

XXV

O falecido rei era tenista. O atual é cientista, se não me engano com a mania de borboletas.

XXVI

Como matéria de utilidade para as donas de casa, damos a receita de maçã assada, ao jeito da terra, fornecida pelo amigo Eric.

Tome maçãs verdes, pois as vermelhas não são tão boas para o manjar, lave-as bem lavadas e enxugue-as bem. Faça-se um profundo oco no lugar onde há o cabinho da fruta, de maneira que sejam extraídas todas as sementes, e encha-se o orifício com açúcar, canela à discrição e uma colher de manteiga. Unte-se com manteiga um tabuleiro de folha e sobre ele coloquem-se as maçãs, que deverão ser, então, ligeiramente polvilhadas com farinha de rosca e assadas em forno brando. Devem ser servidas geladas e com creme Chantilly.

XXVII

Não conheço edifício mais belo do que o Conselho Municipal de Estocolmo. Arquiteto: Ragnar Östberg. E foi feito ontem.

XXVIII

Quem anda com mania de caixas de fósforos fica maluco na Suécia, pois a variedade é infinita, não fossem os suecos aqueles que comercializaram os fósforos de segurança e durante muito tempo mantiveram o monopólio da indústria, através de patentes internacionais.

Se caíram os privilégios e todo o mundo adquiriu o direito de fazer os próprios fósforos, os suecos, porém, continuam a fabricá-los em quantidades superlativas, pois há ainda grandes mercados para abastecer, mormente os coloniais. E o capricho a que se dão na confecção excede a qualquer expectativa, e a elegância dos pauzinhos, a forma das caixinhas e os desenhos coloridos dos rótulos integram-se no capítulo das pequenas obras de arte, e com isso os colecionadores perdem a cabeça!

XXIX

Passei uma hora no parque apreciando as proezas do esquilo e as artes de Lilimore, coisinha de quatro anos que deixa o esquilo abismado.

Helsimburgo

Ó tu, velho norte, norte fresco, norte montanhoso! Norte silencioso, norte alegre, belo norte! Eu te saúdo, país mais delicioso da Terra, e teu sol, teu céu, teus verdes prados! — o que são palavras da canção nacional, palavras novas assentadas sobre uma velha melodia popular.

Dinamarca

Copenhague

I

O que estraga ou pelo menos perturba a linda Copenhague é o ar parisiense a que se dá — Paris do Norte, como a cognominam os seus filhos, ao que os parisienses poderiam responder, com galanteria, crismando Paris de Copenhague do Sul.

Se o que mais importa numa cidade é que ela tenha personalidade, desagrada a imitação pechisbeque da vida bulevardiana, já por si tão altamente pechisbeque — os cafés ao ar livre, aos cabarés, as boates no escurinho, os restaurantes com cardápios em francês, a vida noturna, a convencional alegria.

II

O rei, mais famoso pelas tatuagens do corpo — que indiscreta revista americana estampou — do que por qualquer outro ato, saiu certa noite com a rainha para dançar num clube noturno. Como era sábado, dia da maior frequência, só havia uma mesa vaga, mas o augusto personagem não pôde ocupá-la, porquanto estava ela reservada exatamente para o seu chefe de cozinha, que ainda não chegara com a esposa, pois naturalmente ainda não terminara os afazeres palacianos.

O gerente pediu imensas desculpas a Sua Majestade, infelizmente, porém, não podia fazer nada — todas as mesas estavam já tomadas com antecedência. E, ao reconduzi-lo à porta, aconselhou:

— Sua presença é uma honra para esta casa, mas não se esqueça, Majestade, de avisar antes quando vem, para que possamos lhe reservar um lugar.

III

Comi um negócio que só pode ser pescoço de cisne a molho pardo.

IV

O mercado do peixe é uma tradição e fica em larga embora pequena rua, à margem de um canal que entra em curvas pela cidade, desaparecendo a cada passo por baixo de pontes e casas. Por ele os barcos peixeiros, com o peixe pulando ainda vivo, entram e vão estacionar junto às bancas de madeira. Os mercadores são mulheres, troncudas e rudes mulheres, quase sempre gordas e baixas, com xales nos ombros e touca na cabeça e que, para melhor se defenderem do sol, prendem um jornal, em forma de pala, entre a touca e os cabelos.

Querendo honrar o labor secular dessas mulheres, lembrou-se o poder público de erguer um pequeno monumento no mercado. É uma estátua singela, de bronze, quase ao rés do chão, sobre baixo pedestal de granito. Como o escultor tivesse representado a peixeira por uma mulher baixota,

CORREIO EUROPEU

gorda, troncuda, de xale nos ombros e na cabeça, as peixeiras, certamente movidas por aquela vaidade natural que mesmo nas peixeiras é feminina, protestaram, pedindo que tirassem a estátua e a substituíssem por uma obra que elas achassem mais bela.

Mas os poderes públicos dinamarqueses, que não eram da mesma mentalidade daqueles brasileiros que mandaram retirar uma estátua do trabalhador, porque o bem pouco apolíneo trabalhador brasileiro não se achasse decentemente simbolizado na bem pouco apolínea estátua, fez ouvidos de mercador às reclamações — obras de arte não são julgadas por peixeiras. Passaram-se os dias, as peixeiras se acostumaram, e hoje é com evidente orgulho que apontam aos estrangeiros o bronze simples e sincero que as exalta.

V

Jovem turista brasileira sentiu-se mal no hotel, onde estava há três dias. Chamaram o médico, que a mandou transportar imediatamente para o hospital, pois se tratava de crise aguda de apendicite.

Quando a pobre mocinha conseguiu entender que ia ser operada de urgência, caiu num desespero que médicos e enfermeiras não compreendiam, por mais que ela tentasse se explicar. Não era medo da operação, a sua angústia — era medo do preço. Tinha apenas na bolsa uns magros dólares que permitiriam um roteiro estudantil pela Escandinávia, e com a sua experiência brasileira sabia que operação, casa de saúde e enterro são coisas exclusivamente para gente rica.

Aflitíssima, pediu que chamassem o cônsul, mas antes que este chegasse, já fora carregada para a sala de operações, anestesiada e operada.

Oito dias depois estava na rua, pronta para continuar o passeio. Cobraram-lhe quatorze coroas por tudo e nos resta informar que a coroa dinamarquesa vale três cruzeiros.

VI

O diplomata peruano, chegado de pouco para o posto, caiu de gripe, gripe terrível que atacou também a esposa e a empregada peruana que trouxera, além de um filho, dos três que tinha o casal.

A vizinha de apartamento socorreu-os com a maior solicitude na emergência, mas, muito admirada, perguntou por que razão não chamavam o Serviço de Assistência, que mandaria imediatamente gente capaz para atendê-los. O diplomata ignorava a existência de tal serviço, achou ótimo e a vizinha telefonou requisitando-o.

Vieram duas assistentes sociais que cuidaram dos enfermos, fizeram a comida, arrumaram a casa, trataram das crianças, isto durante uma semana, que foi o tempo necessário para que os da casa se restabelecessem.

Ao se despedirem, perguntou o diplomata quanto devia pelo trabalho, ao que responderam que o cobrador do Serviço em tempo oportuno iria procurá-lo. De fato veio alguns dias depois e, enchendo um formulário, indagou do dono da casa quanto ele pagava de imposto. O peruano informou que na condição de diplomata não pagava imposto algum no país.

— Se o senhor não paga nenhum imposto, não deve nada, pois os serviços sociais são cobrados proporcionalmente ao imposto de cada contribuinte.

E apresentou uma conta de zero coroas.

VII

A luzida comissão brasileira causou sensação na praça — nunca tinham visto meteoro idêntico. Chegou numa sexta-feira de noite, zarpou domingo ao meio-dia, sempre de avião. Viera estudar as condições do país e a obra de assistência social.

Kolding

Assim como Copenhague intitula-se a Paris do Norte, Kolding ufana-se de ser a Chicago dinamarquesa, embora só tenha vinte e nove mil habitantes, e as vinte altivas chaminés não darem para sujar o céu.

Slagelse

Cemitério pode ser sinônimo de jardim.

Roskilde

I

A cegonha, cuja língua não é o dinamarquês mas o egipcíaco, está muda. Espeta o ar com o bico imenso, imóvel, grave e pensativa, numa perna só, vermelha, saindo do ninho sobre o telhado de palha à prova de neve. É uma pose municipal para o turista.

II

E por falar em cegonha, consignemos com sensível pesar que, sob o seu manto de severidade, esconde-se um bicho de pouca confiança. Pelo menos um bicho de deslavado bairrismo. As crianças que ela traz para a sua pátria — fortes, rosadas, sadias — não são positivamente iguais às que leva para o meu distante Brasil.

Ringsted

Extensos campos de mil verdes agrícolas, penteados, ondeantes. Aqui e ali, cones de feno, manchas de lagos, telhados vermelhos, vultos de salgueiros. E todos os bois são de chocolate.

Frederícia

Tem uma certa candura, a bonita e saudável garota de Kansas, que fuma mil cigarros americanos por hora. Veio com uma bolsa universitária de seis meses para estudar as flores marinhas da Dinamarca. E o resultado vai ser precisamente este: em estufa ou frigorífico, por navio ou avião, a qualquer preço, ela levará o que bem entender. E daqui a dois ou três anos, quem quiser estudar bem a flora marítima dinamarquesa, terá que ir fazer um estágio nos Estados Unidos.

Sero

I

Quem é rico ou nobre mora no campo. E vai passar o verão em Copenhague.

II

Será um erro sugerir que a Dinamarca é uma vasta leiteria?

Odensa

I

Então uma estrela de brilho nunca visto pousou sobre uma casinha branca da Fiônia, que hoje é museu. E ali nasceu Andersen.

II

E lembro-me das palavras da borboleta do conto: "Não se trata somente de viver; é preciso também liberdade, um raio de sol e uma florzinha."

Elsenor

O guia do castelo teve um gesto súbito, trágico e desesperado — arrastou suas ovelhas para a borda do precipício militar e, diante da sentinela hibernal e serena, à sombra das muralhas hamletianas, declamou o "Ser ou não ser" com a chuva batendo-lhe na cara vermelha de bom bebedor de cerveja. A princípio as ovelhas ficaram muito assustadas.

Abenra

E um último pensamento para Jens Peter Jacobsen.

Holanda

Amsterdã

I

A primeira dificuldade para um escritor brasileiro é saber como se grava na nossa privilegiada língua o nome de certas cidades europeias, já que nosso passeio é ocidental. Amsterdam? Amsterdão? Amsterdã? Amesterdão? Amesterdã?

Opino pela forma Amsterdã, mas francamente não me sinto muito sossegado. A ignorância é sempre castigada.

II

Canais como Veneza — é a Veneza do Norte. Mas o cheirinho é melhor. E cortinas nas janelas.

III

As grandes revisões. Encontro-me real e finalmente com Rembrandt. Arrepia! Esmaga! Imobiliza! A "Ronda da Noite" transformou-se em ronda.

Rotterdam

I

Pela lógica eu devia grafar Roterdã. Mas deu-se o milagre de haver na legação brasileira um dicionário enciclopédico ilustrado e verifiquei que a grafia aconselhada era Rotterdam. Lavo minhas mãos e bato para o restaurante, que do alto domina o arrasamento das bombas germânicas.

Depois de uma truta com molho holandês, compreende-se perfeitamente o quinteto de Schubert.

II

As bicicletas tonteiam. A pintura é tão minuciosa que parece que vemos com lente de aumento aquele paciente cosmo de flores, rendas, colares, conchas, patos, lagostas, camarões e lagartixas.

Delft

Aqui nasceu, mas não morreu, Grotius, que defendeu a liberdade dos mares, combateu a escravidão, estudou os meios de prevenir e regularizar as guerras... Aqui morreu, mas não nasceu, Guilherme, o Taciturno, que salvou a Holanda dos espanhóis e da Inquisição. Aqui nasceu e morreu a grande porcelana. Mas levemos como recordação um vasinho espúrio — de longe agrada.

Arnhem

Cá temos uma cidade na qual gostaria de morar. Suponho que outro brasileiro já teve a mesma ideia, pelo menos, no jardim público há uma estátua de braço quebrado, e no lavabo do hotel, uma sublime inscrição.

Como o homem se acostuma a tudo, já não sinto o peso do sobretudo. E como o frio é de matar, adeus tulipas!

Utrecht

Bruma, campos de ondulante tapete, mais bruma, cada janela é um jardim em vaso, sempre a bruma. Que fizeram dos moinhos de vento, meus amigos de tamancos? Onde estão as pás giratórias para o ataque sem lança de um novo D. Quixote? As almofadas dos colégios de freiras estão todas erradas!

E como o frio aperta, frio e bruma, as vaquinhas pastam de capote.

Enschede

Ao lado do fogo aceso e estalante, o pianista musica o jantar com sorrisos melífluos, algo suspeitos, e ritmo convincente. "Você se lembra de Suzy?" Não, não me lembro de Suzy, mas creio que os americanos a recordam e ao recordarem-na marcam o compasso com o pé, fumando desesperadamente, esparramados nas poltronas. Se não me lembro de Suzy, acode-me a lembrança de Susana, não a casta, mas uma outra Susana, Susana Mascarenhas, pianista precária mas com dedos de anjo, flor das Águas Férreas, última parasita imperial pendurada num ramo republicano de desembargadores.

Haia

I

Descendo da Escandinávia, em ônibus, constato que papei mil e duzentos quilômetros de estrada de rodagem pavimentada, e que nessa extensão há menos buracos que da praia do Flamengo à praia de Botafogo.

E, em homenagem à Sua Alteza, peço uma sopa à Juliana.

II

É um pequenino jogo sentimental — procuro encontrar o perdido cartão-postal que Ribeiro Couto me enviou há vinte anos: "moro nesta rua, mas não fui eu quem a mandou ladrilhar"... Procuro e não encontro. Todos os canais se parecem, todas as casas se parecem, ou é a memória que me falha? Sento-me cansado no banco frio, sob o chorão que amarelece. Também foi daqui que recebi aquela carta triste e desiludida, escrita por mão branca e trêmula: "nada podemos contra o destino"... Não sei... Desfilam tranças e bicicletas — quantas bicicletas! Empanturro-me de chocolate.

III

Acordo tarde, chego-me à janela e não sei se é dia. Que falta faz o sol! A camareira chega com a bandeja fumegante. Desalentado barbear com a luz acesa.

IV

Escondo o orgulho — oh se eles soubessem! — de ser um compatriota da Águia de Haia!

Bélgica

Bruxelas

I

Quem vem da Escandinávia, via Dinamarca e Holanda, sente-se perturbado quando entra em Bruxelas. Parece que entrou no Rio de Janeiro, exatamente pela rua Marechal Floriano. Confusão, barulheira de sinos e de carrilhões, buzinas, alto-falantes, campainhas, camelôs, falatório. As ruas são feias e sujas. As casas, feiíssimas, padre anda solto e os preços são exorbitantes.

O chofer, que andou na guerra e foi prisioneiro dos alemães, consumindo-se em trabalhos forçados durante três anos no duro, nos informa:

— Não deixem nada no carro. Aqui há muitos roubos.

E, como sentisse que não estava sendo convenientemente patriota, acrescenta:

— Não era assim, mas agora há muita miséria. Muita! Duzentos mil desocupados.

E como déssemos corda, desabafou sua amargura, queixando-se do preço das coisas, das privações do povo, da exploração dos burgueses, das incertezas que pesavam no ar — a pequena Bélgica sempre era a mais derrotada na guerra dos outros! Estava ficando velho, não sabia que seria da sua vida e tinha três filhos. Acabava é indo para o Congo...

Fez uma pausa e um curva:

— Se ainda houver Congo Belga. Não sei...

II

De longe é uma pipa, uma pipa imensa, plantada num cruzamento de estrada, estrada larga, de paralelepípedos. De perto é uma casa. Mais precisamente, um restaurante popular.

III

— A gente vai se identificando com a língua e muita vez, quando dou conta, estou pensando em francês.

— Bem, amigo, maus pensamentos a gente pode ter em qualquer língua.

IV

O chique das manhãs de domingo é ir à missa com o peito coberto de medalhas da guerra.

V

O restaurante "Le Brazil" atrai. Lá estão a bandeira verde e amarela, as armas republicanas levemente estropiadas e uma vista do Pão de Açúcar com algumas palmeiras extras. Sentimo-nos honrados e suportamos a comida, que é tão má quanto a de um restaurante carioca, embora mais fumegante. Os fregueses eram poucos, talvez por causa da hora. A avermelhada jovem dormitava defronte da máquina registradora. O rádio aberto, não em surdina, inicia, por um milagre diabólico, "Meu limão, meu limoeiro", com dona Olga Praguer.

Perguntamos ao garçom, embalados certamente pela toada:

— Conhece o Brasil?

— Não. — Não conhecia. Nunca saíra da Bélgica. — É na América do Sul, não é?

— Sim, é na América. Lá embaixo...

— Muito longe.

— Sim, muito longe mesmo.

— Muitas florestas.

Tive vontade de desmentir:

— Infelizmente...

E o proprietário, farejando aquela conversa fora do cardápio, abandonou o jornal e se acercou, gentil, curvando-se:

— Não estão satisfeitos?

Estávamos. Satisfeitíssimos.

— Mas por que esta casa se chama Brasil? — perguntei-lhe.

— Maluquices do primitivo dono!

VI

Quis comprar um lampião-belga — um encargo de amigo dileto. Ninguém sabia de que se tratava. Que irá dizer quando eu voltar com as mãos abanando?

VII

A Grande Praça é para se ver de noite, com faróis e silêncio. E era tanta a chateação que me refugiei num cinema. Refugiei-me e dormi.

Antuérpia

Não é catedral. É uma gare.

Gand

— Meu Deus! o que é que eu vim fazer aqui? O cantochão rolava pela nave de pedra e mausoléus, rouco e opressivo. Lá fora o cantochão da bruma me esperava. Fomos esquentar o corpo numa adega de mil anos e os empregados pareciam ter igual idade.

Bruges

Esteve muito em moda no Brasil, aí por 1913, entre literatos avançados, que gastavam maiúsculas e reticências a três por dois, brilhavam no *Fon-Fon* e sabiam Rodenbach de cor.

A chuva é tão fina que nem parece chuva, parece vapor.

Caixões de defunto forrados de cetim, acolchoados, confortabilíssimos. Canais de águas sujas, cheiro de incenso, ar de velório, de mofo, cisnes, umidade, musgo, eclesiásticos, depressão.

Não é para meu gênero d'alma, apesar de Memling.

Alemanha

Eidelstedt

Todas as crianças do mundo são iguais — acenam para os viajantes. Depois é que as demagogias e falsos nacionalismos as tornam diferentes.

O ônibus continua na larga pista cimentada. Há bosques de salgueiros sob a gaze da bruma. Cerro os olhos ao surdo roncar do motor. Vejo-me acenando para o trem em terras de Minas Gerais.

Hamburgo

I

Os ingleses interpretaram o assunto bíblico com britânica ferocidade: dez dentes por um dente, dez olhos por um olho. E por isso Hamburgo praticamente não existe.

O eventual companheiro sorri da minha consternação:

— Dentro em pouco estará novamente de pé. Hamburgo e toda a Alemanha Ocidental. E mais grandiosamente do que antes. E talvez mais perigosamente. Os americanos têm interesse numa muralha antissoviética... Os dólares jorrarão para a reconstrução. E dólar aliado à capacidade germânica... Espere um pouco, meu caro amigo, para se admirar...

II

É muito fácil a gente saber quanto custa uma coisa na Alemanha. É só chegar e perguntar:

— Zeferino Costa?

Eles informam logo o preço direitinho.

III

Não há nada mais triste do que um porto ao cair da tarde.

Não há nada mais morto que um guindaste retorcido.

Delmenhorst

Tempo clemente, pausa outonal, a campina tem tons dourados.

Pensando bem, há mais árvores na Europa do que no Brasil.

Bremen

Como eram inesquecíveis amigos de infância, tratei imediatamente de procurar os músicos da história. Perguntei por eles no barbeiro, na salsicharia, no ponto de jornais com revistas de adolescentes nuas, na tabacaria do velhinho estropiado, que ficava num subsolo, mas ninguém me pôde dar notícias do burro, do cachorro, do gato e do galo de crista escarlate.

Provavelmente foram vítimas dos bombardeios, sugeriu o hoteleiro, depois um inspetor de trânsito batendo prussianamente os calcanhares e ainda a mulher da papelaria, que tiveram suas famílias liquidadas, e eles mesmos, meio liquidados, guardavam nos olhos, nos gestos, nos tremores do corpo e nos tiques da fala o fogo das bombas, que não deixaram um quarteirão intacto.

Desolado, solitário, errei em vão pelos escombros que foram casas ou avenidas, pelas margens do Weser repleto de barcaças afundadas ou à tona, na esperança de um vestígio, de uma pista, zurro ou latido, miado ou canto glorioso.

Nada encontrei, mas numa ribanceira gramada que escorregava para o rio, ao lado de um velho estaleiro, encontrei Lotte, mais verdadeiramente Charlotte, que era musicista loura e que durante a semana vendia charutos e cartões-postais num tabique do Platz. Falava inglês por artes da ocupação e da necessidade, morava numa espécie de buraco ao pé duma muralha, que era resto de imenso armazém, toca cuja entrada ela vedava com um pedaço de lona de barraca.

Lotte, que ficou só no mundo, tem um único par de sapatos, um vestido escuro, uma boca clara de cereja, dois olhos celestes, um colar de matéria plástica e um coração sentimental.

Contemplava o rio de escuras águas manchadas de óleo, o vulto da ponte que já foi parcialmente reconstruída, a passagem dos barcos. E a sua silhueta, contra o fundo brumoso de ruínas, era a de estátua de um novo amanhecer.

— Fräulein!

Tinha busto de efebo e voz candente. Como as demais pessoas, ignorava a sorte dos quatro músicos bremenses, que também haviam sido bons companheiros de sua meninice, e isso foi o laço bastante para nos ligar forte e incontinentemente.

Espanha

Madri

Um militar, um padre, um mendigo. Um militar, um padre, um mendigo. Um militar, um padre, um mendigo. Um militar, um padre, dois mendigos.

Franco, o Generalíssimo. *Arriba España!*

Mônaco

Monte Carlo

I

Quando o plano Marshall começou a empregar dinheiro na devastada Europa, o Principado achou que também devia entrar naquela boca rica e fez o competente encaminhamento de negociações. O general, porém, era muito sábio e só previa aquinhoar os países que lutassem com o problema comunista. Ora em Mônaco não existia tal problema. Mas como os dólares davam comichões, resolveram apelar para a França, solicitando que emprestasse alguns militantes do partido francês para algumas badernas em Monte Carlo, que justificassem a canalização dos ambicionados fundos. Mas como a França estava com problemas internos muito sérios, o partido mostrou elegantemente a impossibilidade do pedido, que aliás o honrava muito, e sugeriu que apelassem para a Itália.

Na Itália há desocupados para tudo. E foi a providência que Sua Alteza Soberana, o príncipe Rainier III, tomou.

II

Há necessidades que não se podem adiar. Abandono o salão de jogo do cassino ao gosto 1900, com todo o mal-estar que essa época me provoca, e dirijo-me para o reservado, que chamaremos de lavabo por ser palavra mais digna, já que pena limpa significa consciência limpa.

De toalha e pires em punho, atende-me um corcundinha, mascote fardada que dá uma sorte doida ao príncipe.

III

Deve haver razões para que os condutores de ônibus usem avental de enfermeiro.

IV

O número seis é cabalístico, mas caprichoso. Negou-se terminantemente ao sortilégio de ser enunciado pela fascinante voz do crupiê.

Que são vinte vacas de cem para quem já não tem nenhuma fazenda? tentei filosofar com otimismo. Mas como não há filosofia que substitua vinte vacas ganhas bovinamente no jornalismo, apelei para a ciência, pois a aspirina é infalível agente neutralizador, encontrável, fácil e graciosamente, na portaria da ratoeira. O efeito foi instantâneo e recolho-me ao hotel, em cujo saguão cruzam as pessoas mais desocupadas e elegantes da Europa, dono de mais uma dose de experiência, mastigando requintamente pétalas de violetas e rosas cristalizadas. Pelo menos me venderam como pétalas de rosas.

V

O erro do sr. Joaquim Rolla — admito agora — foi não ter criado, na hora tão favorável que se lhe ofereceu, o Principado da Quitandinha, com a competente nobiliarquia. Seus barões da Roleta, suas marquesas do Bacará, seus condes da Pavuna — bum! bum! bum! —, suas duquesas do Pif-Paf da Torre, não seriam afinal mais pés de chumbo ou rastaqueras do que os do nosso império de subúrbio.

E quem diz que não poderemos pensar nisso, já que estamos numa estação de tantos planos e tão poucas realizações, de tantas promessas e de tão raras realidades? Mas exigirei, estejam certos, pelo menos um título de visconde pela ideia.

Mônaco

I

O desencarnado príncipe Alberto I tinha a paixão do mar, e o Museu de Oceanografia de Mônaco, por ele fundado, nos fala minuciosamente dessa paixão e merece ser mais visitado pelos jogadores, principalmente na parte viva, caprichado aquário que nos leva a estranhas meditações, por vezes sociais, como no caso dos esqualos (sinônimo erudito do tão vulgar tubarão), por vezes literárias, como no caso do peixe-rei, que nos faz lembrar os esmaltados versos de Heredia:

> *"Et brusquement, d'un coup de sa nageoire en feu,*
> *Il fait, par le cristal morne, immobile et bleu,*
> *Courir un frisson d'or, de nacre, et d'émeraude."*

Embora tardia, a morte lançou a sua rede inexorável sobre o simpático descendente da família Grimaldi. A pescaria

veio privar o mundo de mais um idealista e o Principado
de ter a sua iluminação, aliás fracota, feita economicamente
à base de peixe-elétrico, que bem poderia ser um dos seus
sonhos.

II

Se o Museu de Oceanografia é digno de se ver, não menos
o é o Museu Napoleônico, que o príncipe Luís II, o avô do
soberano atual, fiel às suas recordações militares, instalou
no seu próprio palácio.

Não vai além de duas salas de objetos que recordam a
pessoa ou a família de Napoleão I, e embora não sinta lá
grande interesse pelo agitado Corso, não paro sem pasmo
diante da coleção de guardados: um fragmento do manto
que cobria os seus ombros, quando a 2 de dezembro de 1804
o santo Papa Pio XII sagrou-o Imperador dos Franceses, na
Notre Dame de Paris; o legendário chapéu que o Pequeno
Cabo usou em Marengo; uma tabaqueira com gentil minia-
tura, tabaqueira que ainda contém um pouco de tabaco!;
duas echarpes, usadas na campanha da Itália, sendo uma
delas, infelizmente, pouco menos que um trapo; um lenço,
um par de luvas, roupa de baixo, uma gravata, condecorações, duas bacias, o aparelho para amolar navalhas, cinco
cálices de licor, um banquinho onde se sentou a imperial
bunda, um talher, um trapinho da cortina do seu leito e um
pedaço do cordão da campainha do seu quarto, além de mil
outras comoventes maravilhas.

Francamente é barato pagar cem francos de entrada para
tanta comoção!

III

Chamar os naturais da terrinha de monegascos é tão engraçado quanto chamar os filhos de Três Corações de tricordianos.

IV

Mônaco tem os seus problemas, não pensem que não. O primeiro deles é que, na Riviera à sua volta, italianos e franceses estão promovendo um circuito oficial de cassinos, que poderá um dia abalar a concorrência aos salões de jogatina do Principado. Outro, e este é gravíssimo, é o problema do crescimento do país, que não para, e como a superfície é mínima, tempo virá, e breve, em que a expansão tem que ser feita, e para a qual só vejo duas soluções: ou o Principado compra uns cem metros de terreno à França, ou terá que consegui-los pela força.

Itália

São Remo

I

Café decente, em xícara pequena, coisa que na Europa só se vê na Itália. Cassino pegado à igreja. Flores e mais flores. Sol tépido, mar tépido, algumas gaivotas. Não é por ser domingo que as calçadas transbordam de italianos afrancesados e franceses italianados. A Rádio Monte Carlo enche o ar da confeitaria com o *blues* "Day by day", e o canto de Jo Stattford, nobre e definitivo, é um nobre e definitivo profilático contra qualquer possibilidade napolitana.

— Lindíssimas! (trata-se de pernas)

A tabuleta do "Hotel Europa e Paz" diz tudo o que a Europa deseja, agora que já não domina o mundo. E os destróieres americanos espiam de longe a tabuleta.

II

É história velha, mas ainda contável. Mussolini rugia reivindicações:

— A Riviera para os italianos!

Ao que os estudantes franceses respondiam, passeando cartazes pelos bulevares de Paris:

— Veneza para os namorados!

Varigotti

Assunto resolvido: se tiver de fugir com alguma garota, já sei onde me esconder.

Alássio

Almoço com essa varinha de condão que se chama palito.

Gênova

Nada de sentimentalidades só porque foi a terra de onde Colombo partiu para nos descobrir. Ouçam o conselho, que ainda há amigos: cheguem de noite, saiam na mesma noite, que a sujeira mete medo. E escusem de ao menos tentar ver a estátua do dito Colombo.

Pisa

É tudo muito bonito, mas deviam consertar a torre.

Pádua

I

A basílica de Santo Antônio é em estilo horroroso-delirante, mas ainda há piores. No adro, quinze barraquinhas de artigos religiosos, e no casario, que a limita com o nome de praça, há outras doze do mesmo ramo. Não vendem, trocam. Por liras, é claro.

As pombas desrespeitam a imagem do santo casamenteiro e sujam o prodígio equestre de Donatelo, que fica ao lado da basílica. Na nave, escura como certas consciências sectárias, pelo menos doze grosas de padres estavam espalhadas pelos vários altares subalternos ensaiando um cantochão.

— Estão trabalhando para a recuperação da Itália — comenta um espírito de porco local.

E como santo de casa não faz milagre, as moças do bar — onde compro um frasco do legítimo licor de Santo Antônio, infalível digestivo, cujo teor alcoólico é de apenas 40% — são todas solteironas.

II

Nem só de macarrão vive o homem!

Bréscia

É bom conhecer, para quando passar por Barra do Piraí poder tirar o chapéu.

Verona

I

Alemães e italianos fascistas, ligados por estranho amor e que com a vida pagaram a afronta à paz — não é meu, é de Shakespeare —, fizeram seu quartel-general a dois passos do convento medievo onde se desenrolaram várias cenas do passional caso Romeu e Julieta, "caso que tão triste nunca aconteceu".

Os americanos, embora admiradores de Shakespeare, bombardearam a sede do conúbio, e lá se foi o nosso prezado convento pelos ares. Felizmente para a bela Itália, como a chamam os seus próprios filhos, sempre sobrou algum resto que pode ser mostrado pelos insaciáveis guias aos indefesos turistas — uma arcada de claustro, um pedacinho da capela onde os amantes se uniram indissoluvelmente sob os auspícios de Frei Lourenço (mancada que deu um galho imortal, pois foi feita às escondidas do pai do broto veronês, que determinara casá-lo com o conde Páris), e o túmulo da apaixonada, já vazio daquilo que foi ela, pilhado por outros heróis espanhóis ou napoleônicos em guerras passadas.

Como a superstição é um vício humano, por vezes codificado e sacramentado e com vasta rede administrativa para metafisicá-lo, defendê-lo e propagá-lo, não seria o túmulo da sentimental rapariga, "a que era bela demais para não ser amada", que iria ficar isento da crendice, já que tão românticas condições o favoreciam. Assim, aqueles que têm ambições casamenteiras, veem as suas esperanças realizadas se tocarem com a mão do coração, que dizem ser a esquerda, a beirada do sepulcro. E como os espíritos mais materialistas não podem em determinadas oportunidades eximir-se de feitiços, esperei discretamente que todos os meus companheiros de curiosidade se afastassem do local e dei uma rápida, mas vigorosa, esfregadela com a mão esquerda na gastíssima pedra tumular, porque afinal é sempre útil estar em estado de chance para uma casada suplementar.

II

O anfiteatro não tem a grandeza do Coliseu de Roma, pois Verona não passava de uma honrada capital de província. Mas, e exatamente por isso, livrou-se melhor tanto do assalto dos bárbaros quanto do assalto da cristandade vitoriosa, que demolia com santo fervor os monumentos pagãos. E após ter tido muitas outras serventias, o anfiteatro voltou a ser exclusivamente anfiteatro, monumento romano, altamente visitado e arena anual de óperas ao ar livre.

Os perguntadores são muitos, e o nobre confrade de Caratinga quis saber se ali também os cristãos foram comidos por leões. A guia lindíssima, com a convicção de quem parecia ter sido contemporânea de tais espetáculos, respondeu categoricamente que não, o que fez, para mim, baixar muito a cotação de tais ruínas. E foi tal a decepção que me forçou a insistir:

— Mas nem unzinho?

Agitando a mais formosa e alva mão do mundo, a deusa confirmou:

— Nenhum, senhor! Apenas combates de gladiadores, combates de feras.

Mas percebendo, com comercial sagacidade, o ar desprezível com que passei a olhar aquela chantagem histórica, ela virou-se como pluma ao vento e apressou-se a defender a qualidade turística do seu anfiteatro, pondo nos meus olhos os mais perturbadores olhos da península:

— Bem, é possível que tenha havido matanças. Vários autores o admitem, mas não o sabemos ao certo...

E a voz era de anjo falando. Um anjozinho de Botticelli.

Veneza

I

A praça de São Marcos não é propriamente uma praça, mas um pombal com um pombalzinho anexo que é a pracinha de São Marcos, fronteira ao palácio dos Doges. O campanário é obra medieval construída em 1912, já que o primitivo ruiu em 1902, com grande susto dos pombos. A basílica de São Marcos é um bolo de noiva bizantino, magistral se quiserem, em cuja úmida obscuridade o ouro dos mosaicos provoca deslumbramentos em pessoas sensíveis à abundância desse metal.

Não me queixo do tempo perdido, mas o que eu gastei lendo Ruskin é para lamentar. Miguel Zevaco sabia mais de Veneza do que ele. Não fazia estética, fazia capa e espada.

II

Os cães usam máscaras de arame no focinho. Não por causa das pernas, mas por causa dos pombos, que são um nadinha cínicos.

III

Há montanhas de lenços de seda, nas vitrines, nos balcões e nas ruas, mas só há um processo de adquiri-los:

— Quanto custa este lenço?

— Duas mil e quinhentas liras, senhor.

O truque é simples:

— Dou mil.

Pegam na certa.

IV

O palácio dos Doges por dentro tem quatro andares, embora de frente só pareça ter três: um em estilo românico, outro em gótico e os dois restantes correspondendo a períodos bem diferenciados da Renascença, o que abre campo para uma incógnita — ou eles concebiam que cada época deve usar a sua arte, o que é um conceito dos modernos, ou não tinham a menor ideia da unidade.

Na área interior do palácio, defrontando uma famosa escada, havia duas estátuas marmóreas — o casal que andou fazendo sujeira no paraíso. Hoje só se encontra a de Eva, com o dedinho quebrado. A do pai Adão ninguém sabe que fim levou. Mas o guia artístico, que é professor aposentado e mantém um nutrido desprezo pelo colega apenas panorâmico, afirma que ela foi roubada e acusa os militares:

— Sempre os militares, senhores! Sempre os militares! Saqueiam tudo, levam-nos tudo, pobre Itália!

Faz uma pausa para anotar um detalhe:

— Os napoleônicos dilapidaram o palácio, e o Leão das Denúncias está hoje no Louvre.

O que ele não diz é que, em compensação, as pilastras da fachada da basílica de São Marcos foram arrancadas de Santa Sofia, que fica em Constantinopla, pelos exércitos venezianos.

V

E como falamos no Leão das Denúncias, não custa informar, àqueles que ainda não tiveram a ventura de contemplar a imundície dos canais venezianos e o tenebroso cheiro que sobe das suas águas, o que seja essa maravilha dos Doges. Trata-se de um leão de pedra, que de leão mesmo só tinha a cabeça, com a boca escancarada o suficiente para engolir as cartas anônimas denunciando este ou aquele cidadão veneziano de atitudes políticas perigosas à república. A patriótica epístola descia por um canudo e ia parar no papo do Doge que, imediatamente, mandava fazer sindicâncias, quase sempre funestas. As masmorras lá estão para visitação e edificação públicas. Não são de maneira alguma mais tenebrosas que as nossas, e a câmara de torturas anexa é provida de um consolador crucifixo.

VI

Mil seiscentos e trinta foi ano de peste. O Senado e o magistrado da Saúde fizeram tudo quanto estava ao seu alcance para combater a epidemia, mas como esta continuasse a grassar e a abater venezianos sem respeitar hierarquias, acabaram por perceber que o assunto não era de âmbito administrativo e apelaram para o voto de construir um templo à Maria, que em troca se encarregaria de debelar a peste.

Maria aceitou a barganha, e os venezianos passaram a morrer outra vez de morte natural mesmo, inclusive a de punhaladas.

O templo é a beleza que se conhece — Santa Maria da Saúde. O preço foi barato — 400 mil ducados de ouro. Fosse feito hoje e teria custado um dinheirão!

VII

Mudança é em gôndola. Levam banheira e fogão.

VIII

Com as cabines de banho de madeira malpintada, o chão de terra vermelha e suja, e defendida com cercas de arame farpado, a praia do Lido não passa de um galinheiro à beira-mar.

IX

Andrea dei Verrocchio repete o milagre de Donatello — na sua estátua equestre o cavalo não é mais importante do que o cavaleiro.

X

Apesar da máxima insistência, recuso-me terminantemente a me fotografar com pombos. E foram dias felizes em suma,

dias despreocupados, pois nas ruas de palmo e meio não
passa nem bicicleta.

Loreto

Loreto é sede de um caso histórico de levitação arquitetônica.

Em 10 de maio de 1291, estando a Palestina invadida pelos
maometanos, a casa da santa família de Nazaré — onde se
verificou o mistério da Encarnação e, depois da volta do Egito,
Jesus viveu até os trinta anos — foi transportada miraculosamente por anjos para a colina de Tersatto, perto de Fiúme. O
bispo local e o governador da Dalmácia, Alexandre Di Gior-
gio e Nicolau Tiangipane, respectivamente, avisados do que
acontecera, não engoliram a pílula sem mais nem menos, não.
Procuraram se certificar e enviaram à Palestina observadores
de confiança para saber se se tratava realmente da casa de Nazaré. E de volta, declararam os espiões terem visto na Galileia
as fundações da casa, que havia levantado voo para a Dalmácia.

Mas em 10 de dezembro de 1294, a santificada casa desapareceu de Tersatto, em outro voo sensacional, para aparecer
no outro lado do Adriático, próximo de Recanati, no meio de
aprazível bosque. A aterrissagem, porém, fora imprudente. A
região era infestada de bandidos, e o santo domicílio foi de
novo transportado por anjos para um quilômetro mais adian-
te, lugar sem facínoras e propriedade dos irmãos Simone e
Stefano, que principiaram a brigar para ficar na exclusividade
do tesouro, cujo aluguel daria seguramente um bom preço.

Pela quarta vez, a santa casa empreendeu viagem aérea
e plantou-se no meio da via pública, exatamente no lugar

onde se encontra hoje. E essa levitação miraculosa é atestada por um documento oficial — trata-se do relato de d. Bartolomeu Teramo, monge de excelente estilo, escrito em 1483 e apoiado sobre o testemunho de pessoas que viveram na época do prodígio, seja em 1294.

E se ainda houver descrentes, que tenham a bondade de dar um pulo até Loreto e com os próprios olhos constatarão a existência duma linda igreja, edificada precisamente no local onde pousou a casa santa na sua derradeira viagem aérea.

Milão

I

A ópera é a precursora da novela radiofônica. No duro. E é preciso ser um italiano excepcional para repeli-la.

II

Cemitério Monumental! Os mortos não têm culpa do que fazem os vivos.

Perúgia

No tope do monte domina o vale da Úmbria e, com os armamentos modernos, perdeu seu poder defensivo. Mas ao tempo do maior esplendor era inexpugnável — o inimigo medieval tinha preguiça de enfrentar as suas ladeiras.

Florença

I

Ao primeiro esbarro de olhos acha-se feia a igreja de Santa Maria Novella, que fica na praça do mesmo nome, e cujo jardim, tão mirrado e ridículo, parece ter sido modelo dos mirrados e ridículos jardins brasileiros das cidadezinhas do interior.

Depois, acalma-se a visão, medem-se os espaços arquitetônicos, compreendem-se certos ângulos, certas linhas, determinadas cores, dominam-se os arabescos em verde e rosa, perdoa-se a incúria dos pombos e dos homens e conclui-se que é mesmo indecente.

II

A Galeria dei Uffizi é um museu para gatos ou corujas. E o museu instalado no palácio Pitti é o mesmo sarrabulho dos museus italianos ou franceses. Rafael ao lado de Carlo Dolci, Tintoretto ao lado de Guido Reni, perfume ao lado de chulé. O Boticcelli é maravilhoso, mas fica pendurado no teto. Mas mesmo que descesse, não haveria luz.

III

No centro da nave do Duomo, ergue-se o cadafalso de um cardeal. E um bom lote de sacerdotes entoa, em voz alta e reboante, preces pela alma do falecido, que pelo tom parecia necessitar muito. Ao lado, os pequeninos anjos acompanham a pantomima com misericordioso olhar de mármore.

IV

E em cada igreja há caixas pedindo óbulos, para sua conservação geral ou em particular — um altar, uma pia batismal, um coro, uma sacristia.

Longe de mim qualquer suspeita herege, mas pelo visto é para se pensar que as caixinhas ou não rendem nada, ou vão para outros fins, como verbas brasileiras.

V

Vinho branco é cor de topázio.

VI

Para decorar o altar do Santuário da Anunciação, isto em 1250, os sete nobres florentinos que o elevaram, em retribuição à graça da Virgem em lhes aparecer, apelaram para um pintor, do qual se perdeu o nome, e encarregaram-no dum afresco representando a Anunciação.

O artista, que era também devoto, trabalhou com fervor. Terminou rapidamente o anjo e a Virgem, com exceção das cabeças, que deixou para o fim com o fito de se esmerar na pintura. Mas ao arrematar o rosto do anjo, pareceu-lhe tão celestialmente belo que ele mesmo se espantou e gritou com lágrimas nos olhos:

— Este semblante não é obra minha, mas sim do Divino Artista, que se serviu de mim como instrumento!

Não precisamos dizer quem seja o Divino Artista, toda a gente o conhece e aprecia as suas obras, que fazem deste

mundo um perfeito museu. Mas precisamos dizer que o
artista encorajado pelo primeiro sucesso, pôs-se imediatamente a pintar a cabeça da Virgem. Tomado, porém, de
estranho cansaço, adormeceu profundamente. Quando
acordou, e pretendeu voltar ao trabalho, a face da Virgem,
com os olhos docemente levantados para o céu, estava
terminada!

VII

O futebol por "cálcio" é chamado. Tem velocidade, entusiasmo, classe, mas é pesadíssimo. A cada ponto marcado há
reclamações, os jogadores cercam o juiz, protestam, cerram
os punhos, ameaçam abandonar o gramado, fazem gestos
negativos para a torcida, põem as mãos na cabeça, arrancam
os cabelos, desesperados.

VIII

Domingo. Bandeirinhas nos ônibus, roupa nova, todo o
mundo na rua.

Vicenza

I

Ou o poder das bombas americanas não era tão grande
como se apregoava, ou a mira dos aviadores era deficiente
Certo é que, ao bombardearem Vicenza, não conseguiram,

por uma questão de palmos, destruir o maravilhoso teatro de Palladio, que foi o primeiro teatro fechado construído no mundo, nem o campanário que ficava colado ao Tribunal, que desapareceu.

II

Os americanos, como turistas, são ideais. Comem quanto lhes ofereçam, fotografam muito, acham tudo maravilhoso.

Os brasileiros admiram demais.

Cássia

Santa Rita de Cássia, dita dos Impossíveis e benfeitora dos meus bravos amigos cataguasenses, aqui nasceu, assistiu e morreu. E aqui encontro o seu corpo, que peregrinou, intacto, por várias moradias até se fixar na igreja que em seu louvor foi construída.

"O corpo não está corrompido. Dele emana um delicado perfume de rosas. Está inteiramente coberto de pele, fresca como se a Santa estivesse ainda viva. A tez é branca, de um suave palor. Na boca, os dentes estão perfeitos. Os olhos estão abertos, desde 1628, e a Santa os abriu para apaziguar um tumulto que havia explodido na sua presença."

Bolonha

I

O trem é rapidíssimo e diretíssimo. Mas para em todas as estações.

II

"Totocálcio" não é remédio para cachorro, como pode parecer à primeira vista. É bolo futebolístico devidamente legalizado e de amplidão nacional. Dá milhões!

Nápoles

I

Vesúvio sem fumacinha não é Vesúvio. Quando foi das invasões, o homem esperto defendeu-se exibindo a filha como a única virgem da cidade. A fila dobrava quarteirões.

E os americanos comeram todos os peixes do aquário, que era célebre. Em compensação os citadinos roubaram um navio deles do cais e nunca mais se ouviu falar do barco.

II

— Como Nápoles é bela!
— Toda a Itália é bela! — inflama-se a gorda.
— Belíssima! — canta o coro.

— Mas onde eu posso ouvir uma canção típica? — quer saber Venceslau, espanhol de bigodinho.

— Só em Paris, meu caríssimo.

III

O vagão era de segunda, mas o veludo dos bancos era de quinta.

IV

São Gennaro é o padroeiro e o seu culto remonta ao tempo do seu martírio, aí por 305, e a cada aniversário se repete o milagre da liquefação do seu sangue, guardado em duas ampolas, que são objeto de intensa devoção.

Encontram-se elas numa rica capela monumental da catedral, encerradas num precioso relicário, do qual há três chaves — uma com o arcebispo, outra com o prefeito, e a terceira com um deputado encarregado, por turno, do assunto.

No dia em que deve se verificar o "milagre de São Gennaro", as duas ampolas são expostas sobre o altar da capela, diante da cabeça do santo, encerradas num relicário de ouro e prata, recoberto de pedras preciosas, enquanto a multidão se espreme no templo e na entrada dele, e, num silêncio impressionante, depois de ter feito os seus votos, espera o milagre.

O povo napolitano considera como de bom augúrio se o milagre se realiza sem que seja preciso esperar muito. Nas duas ampolas, o sangue, que está coagulado e endurecido, torna-se quente e líquido como o de um corpo vivo. Infelizmente cheguei atrasado para o espetáculo.

V

— Onde fica o museu? — perguntou o turista botando a cabeça para fora do automóvel.

— Se não lhe desagrada, nós poderemos ir juntos para mostrar.

— Não, não desagrada em absoluto.

E, então, entraram oito napolitanos no carro para mostrar o caminho. Outros dois penduraram-se no estribo.

VI

E a distinta dama canadense, distinta e grisalha, não compreendia:

— "Ver Nápoles e depois morrer"... Por quê?

Pompeia

Diante de determinada porta os cavalheiros foram requisitados e as senhoras não. A entrada lhes foi interditada, ficaram cá fora, cochichando, curiosíssimas. É que os afrescos de certo domicílio só são permitidos aos cavalheiros, como se, com todo o respeito, as senhoras não... Bem, por mais que explicasse ao zeloso funcionário turístico, ele não compreendeu. Paciência! E observei friamente, entre marmanjões, as poses patuscas e a viril ereção. Mas fingi ostensivamente que não via a mão esperando uma gorjeta extra.

Sorrento

I

O homenzinho mostrava laranjeiras e limoeiros com a insistência de quem nos assinalasse plantas fenomenais, algo que desse tartarugas e ornitorrincos em vez de frutos. De repente avançou para a portinhola e gritou para fora:

— Quanto?

O paisano respondeu melancólico:

— Suécia um a zero.

O homenzinho ficou sucumbido, mas um profissional é sempre um profissional. Repôs nas cores da face a máscara da alegria nacional e começou a cantar o "Torna a Sorrento".

II

— Neste quarto viveu o imortal Tasso! — informa orgulhosamente o hoteleiro.

E o distinto conterrâneo de Caratinga, que eu encontro a cada passo, verga a espinha:

— Muito prazer...

Capri

O mar não se mostrava muito católico. A Gruta Azul não se mostrava nada azul. De tarde, vento, chuva, nuvens pesadas, grossas ondas, as embarcações não atravessavam. Parecia que o mundo havia acabado e só ficara a ilha.

O camarada me dissera:

— A ilha de Capri é fundamental.

E agora respondia eu:

— Fundamental mesmo é a ilha de Paquetá.

Roma

I

O Circo Máximo é um vasto mas raso buraco; o Templo de Apoio e o Foro Trajano são duas semicolunas; o Senado Romano não passa de dois degraus; as Termas de Caracala, cinco metros de muro limoso; o Templo de Vênus, pouco mais que dez tijolos.

Há sujeitos exaltados diante de tanta grandeza antiga. Por mim, confesso-me derrotado — ruínas enchem muito.

II

Em cada igreja romana visitada há matéria plástica de sobra para se ficar mais anticristão.

III

No vidro de uma tabacaria: "É proibido entrar de bicicleta." Entrei a pé, comprei os deliciosos Macedônia de ponta dourada — prego! — e fui-me aboletar no café defronte com mesinhas na calçada. O café tem uma espuminha que parece espuminha de mijada. O garçom meteu logo uma conversa. E, das onze ao meio-dia, contei 613 reverendos. Não conhecia padres vermelhos. São lindíssimos.

IV

Vejo passar todas as caricaturas de Novello.

Mas quando a bichinha passou, mistura de madona e bacante, não me contive:

— Vá ser linda nas profundas do inferno!

Quem disse que ela não compreendeu ? E caprichou mais no molejo.

V

Depois do humilhante sofrimento da Fonte de Trevi, com a idiota atirando moedas na água azul, precisava de um antídoto urgente. E comprei uma litografia de Campigli, datada de 1944, algo puro e etrusco, e que estava dando sopa na vitrine duma galeria.

VI

E como o sujeito entrasse a vaiar estrepitosamente a peça, o cavalheiro ao lado gritou-lhe:

— Desgraçado! isto é o Hamleto.

— Ah, é? desculpe. Não sabia. Entrei no teatro errado.

VII

Pagar e aprender.

Vaticano

Vaticano

I

Paro no centro da praça, contemplo a cúpula, as colunas, a larga escadaria. Bramante e Bernini capricharam no horrendo. Que tudo sirva à grande causa da Igreja — até a vaidade humana!

II

Na cidade do Vaticano é que se encontra a menor prisão do mundo, pois comporta apenas duas celas. É dotada, modelarmente, de uma biblioteca — imagine-se que livros! —, de uma sala de banho e de uma sala de cultura física.

Segundo me informaram, está quase sempre vazia, donde concluo que alguns católicos que eu conheço não foram ao Vaticano, conforme andaram apregoando no Brasil.

III

Como soberano temporal, o Papa tem o direito de ter, além da sua polícia, o seu exército. Mas como o Vaticano deve restringir suas despesas armamentistas, os soldados não passam de duas centenas, porém, o que falta em número sobra em esplendor — o esplendor do uniforme de lasquenete.

IV

E dizia outro cardeal, o cardeal Fraseatti, hoje soberbo monumento tumular e uma das personalidades mais destacadas no reino de Satã: "A igreja só faz oposição nas terras em que se sente politicamente forte. Se está fraca, encontra meios hábeis e canônicos de fazer todas as concessões. Em via de regra, troca por alguma vantagem, pois sempre há vantagens a trocar." Só que não dizia a mim, diretamente. Dizia a Giuseppe Montavoni, em amareladas páginas que folheio em amarelada biblioteca.

V

"O peso dos paramentos pontifícios é tal que o Papa não se poderia mover sem o auxílio dos caudatários e dos acólitos que lhe sustentam a borda do manto. Sobre a sotaina branca cai em largas pregas até o chão a seda branca da *falda;* por cima, a alva, a veste sacerdotal de linho e de rendas, um cinto dourado donde se estende até o solo, sobre o lado, uma larga faixa de seda. Sobre o amito de linho branco do padre, o Papa traz outro, o *fanon,* dupla romeira de seda branca, mesclada de fios de ouro e de fios vermelhos, cuja parte superior é colocada sobre a cabeça, até que tenham sido postas nos ombros do Papa a estola e as três vestes sacerdotais: túnica do subdiácono, dalmática do diácono e casula do padre, cada uma passando da outra — todas essas vestes representativas de uma dignidade sacerdotal reunidas num só, no mais elevado dos dignitários da Igreja. Então, a parte superior do *fanon* é abaixada sobre a casula como uma gola, o pálio é colocado nos ombros, a grande e preciosa cruz peitoral é suspensa ao pescoço por meio de um colar de ouro, o anel do pescador é fixado ao dedo por cima da luva. As vestes sacerdotais e a estola, o manípulo no braço esquerdo e o cinto, as luvas e os sapatos são de seda branca e inteiramente cobertos de ricos bordados de ouro. Junta-se a isso uma veste estranha, que só o Papa usa: as meias pontifícias de estofo sólido e tão carregadas de bordados de ouro que se assemelham a botas e devem ser ligadas por meio de fitas acima dos joelhos.

É uma carga de vestes sob a qual um ancião mal pode deixar de sucumbir. E, geralmente, acrescenta-se a isso o mais pesado de todos os paramentos, o vasto manto de longa cauda, cuja cor fundamental é o branco ou o vermelho, obra-prima de custoso bordado, cujas orlas são sustentadas pelos assistentes principescos do trono."

VI

As maiores decepções da minha vida — as pinturas da Capela Sistina e as coxas de uma Miss Espírito Santo, que eu vi na praia.

São Marinho

São Marinho

Realmente existe.

França

Evian

I

A cidade fica a dois passos da Suíça, à beira do Lemano, defrontando Lausanne, e explora também o lago, além de uma fonte de água mineral de extensíssimas virtudes e de um cassino que rende mais que tudo. Mas tem um aspecto moral e físico tão diferente como se estivesse a mil quilômetros de distância. O trânsito já é confuso, a autoridade policial, ausente ou displicente, a limpeza é duvidosa, os preços, inconsequentes, a comida rescende específicos odores e há maiôs e biquínis em plena rua.

E o que modifica tão fundamentalmente a sua fisionomia é a presença da mulher francesa. Já sentenciava um velho professor de História que havia mulheres e francesas. E ao se pôr pé numa cidade da França, por pequena que seja, como é o caso de Evian, constata-se que a classificação professoral, que, ao seu tempo, podia ser perfeitamente justa, tem ainda hoje forte dose de cabimento. A rua deixa de ser rua para ser vitrine, onde passam modelos, alguns um tanto deteriorados, outros de ingênua maquilagem, mas todos deixando um rastro de perfume.

II

O verão expira, foi curto e os hoteleiros se queixam, breve terão início as aulas, mas Evian ainda está repleta de veranistas que animam as praias do lago, cortam as águas em pequenos botes, atulham as mesas dos cafés ao longo da praia, e a roleta funciona com a máxima atividade. As peles estão queimadas, os pescadores, satisfeitos com os seus caniços, e as primeiras folhas tombam dos plátanos anunciando o outono.

O amigo feito na beira do cais aponta-me a alegre e aparentemente despreocupada multidão:

— Veja que para ser feliz basta bem pouco. No entanto, a qualquer momento, poderá desabar a guerra que ninguém deseja.

Contemplo em silêncio a multidão apontada, paro nas bonitas pernas, não são bonitas, são lindas, extasio-me, comparo-as, classifico-as, bailo com elas, desejo-as e o amigo de um dia continua:

— A guerra que ninguém deseja está sendo tramada à revelia dos que mais irão sofrê-la. A Rússia não se desarmou. Tem na Europa duzentas e cinquenta divisões contra vinte e cinco dos outros países amparados pelos americanos por bem ou por mal. Também não perdeu, desde 1945, nenhuma parada política. Os americanos só contam atualmente com uma provável superioridade atômica. O programa armamentista a que se lançam é assunto de vastidão estratosférica. Ao ficar pronto, daqui a um ano ou dois, ou faz uso dele ou vai à falência.

Meu amigo é telegráfico e o assunto é tão negro que fujo de pedir-lhe explicações. O tempo está tão doce, o alto pico nevado recorta-se no azul com a sua graça eterna, passam criança, as pernas desapareceram. Convido-o para um aperitivo, que aceita:

— Vamos, talvez seja o último.

O último foram precisamente cinco, e ele ainda me contou o preço da água mineral de Evian, que parece coisa do Brasil — é mais cara que a gasolina que vem do Iraque. Colocando a questão em francos, 56 custa a gasolina e 60 a água para quem quiser. Recusamos.

Annecy

I

Se algum dia me perguntarem se conheço alguma cidade repousante, responderei prontamente:

— Annecy!

Fica plantadinha à beira do seu lago, é velha, duma velhice que os romanos registraram, tem um castelo de mil anos e é cortada de canais que a cada volta somem por baixo das casas antigas.

Quando um homem chega a viver o que já viveu o dono das minhas pernas, não é despropositado que pense numa cidadezinha assim para refugiar-se nela o tempo necessário à consumação das suas memórias, porque, por menos que pareça, as memórias são importantes — meu Deus, quanta verdade que não se tem coragem de dizer vivo, pode-se deixar para ser lida depois da morte?

E, tomado por esse impulso, sonhando já com copiosas laudas cheias à sombra dos castanheiros, dirigi-me a um cidadão local para cimentar a possibilidade de um hotel, que me receberia na hora propícia. Mas, por um mistério da telepatia, o bigodudo savoiano me disse que também fora este o propósito do sr. Churchill, quando, após a guerra, que cá pra nós não acabou, foi apenas uma espécie de *hors d'oeuvres* da sarrabulhada futura, decidira confeccionar as suas memórias, que estão tão ligadas às memórias da Inglaterra. Fiquei desolado — o céu de Annecy é pequeno demais para nós dois. E quando desistira da ideia, o savoiano me acrescentou que a excessiva neve que cobriu Annecy e o lago, aliada à bronquite charutal do velho conservador, obrigou a que ele saísse da cidadezinha para atacar as memórias, que não li, num clima mais italiano. Mas já era tarde para voltar atrás na minha decisão.

II

Annecy foi, no ano passado, sede da quinta ou sexta Conferência Internacional de Tarifas. Foram sete meses de extenuantes somas e multiplicações, apresentação de tabelas, estatísticas, porcentagens e valores cambiais, com não muito convincente recheio de discussões acaloradíssimas.

Dela, antecipadamente, fora excluída a Rússia com os seus conhecidos compinchas. Apesar disso, porém, nenhum resultado se conseguiu, tal como já se verificara nas outras conferências antes realizadas. Donde se prova que os interesses das nações, que não foram excluídas, eram tantos e tais que não seria a Rússia que viria perturbar nada.

Contudo, a bem da verdade, nenhuma conferência deixa de ter os seus proveitos. Nessa, como nas outras, quantos chás e banquetes, quantas recepções, quantas amizades novas, quantos protestos de eterna simpatia, e quantas excursões pelas belas montanhas da Alta Savoia, e quantas ajudas de custa pagas em ouro, e quantos automóveis voltaram depois para o Brasil fazendo parte da bagagem da delegação!

III

Depois da Conferência de Tarifas, não muito depois, Annecy foi cenário de uma outra tragédia, esta infelizmente com mortes.

Foi o caso de um senhor que descobriu um processo extraordinário para pescar trutas — algumas gramas de cloro jogadas n'água. Ele mesmo se admirou, como confessou mais tarde às autoridades, que a humanidade pescadora até aquela data não houvesse tido essa ideia para pescar um bicho tão matreiro e tão gostoso. E o produto da primeira pescaria foi tão numeroso que ele resolveu trocar o amadorismo pelo profissionalismo. Pegou nos bichinhos e vendeu-os na cidade. O resultado quem colheu foi outro pescador — São Pedro, que recebeu nos aquários do céu algumas almas altamente clorificadas.

Ferney-Voltaire

Ferney-Voltaire está a um pulo da fronteira helvécia e em dez minutos de bicicleta poderemos apreciar o funcionamento do repuxo de Genebra, que em dias de vento vai respingar a estátua de Rousseau, plantada numa minúscula ilha entre as árvores que ele amava. A privilegiada posição de Ferney-Voltaire, mais que quaisquer outras razões, e entre elas as climatéricas, fez com que, em 1758, quando se chamava apenasmente Ferney, fosse escolhida para moradia pelo senhor Francisco Maria Arouet, sujeitinho esquelético e irritante, de nariz e hábitos pronunciadamente judaicos e cuja língua, tão fluida quão malevolente, atemorizava clero, soberanos e gente fidalga. À menor ameaça de represália, o escritor dava o pulo acima aludido, abrigava-se na eternamente neutra Genebra, que não tinha ainda a estátua de Rousseau, e aproveitando as férias forçadas entabulava lucrativos negócios de relógios e meias de seda.

Desconfiem dos homens de má língua, meus amigos — em via geral têm bom coração. E o senhor Arouet, não amante de todo de quebrar regras, salvo as estritamente necessárias, utilizou da maneira mais liberal os sentimentos emanados daquele decantado músculo em prol das condições precárias do lugar e da povoação.

Mosquito era mato pelos paludes da zona, e o senhor Arouet mandou cobri-los todos da boa terra de Deus, e, onde havia charcos, miasmas e ninhos de ferrões alados, vicejaram plantações que enriqueceram a paisagem e abrandaram a fome de muita boca pobre. Naturalmente os poderes reais estavam tão empenhados em guerras, conquistas, intrigas palaciana e amantes que deixavam muitos vassalos em condições de não poderem ler nem os éditos da corte nem a prosa do senhor Arouet, que, ainda mais naturalmente, desejando alargar o seu público, proporcionou-lhes escolas. Depois de escolas, construiu hospitais. Depois de hospitais,

CORREIO EUROPEU

fez asilos para velhos e para crianças, desamparados filhos daqueles que morreram pelas ambições do rei em terras estranhas e, varão insatisfeito, criou cooperativas, emprestou dinheiro para pequenas indústrias e lavouras, construiu um teatro, edificou casas e, embora pareça mentira, foi do seu bolso que saiu o cobre para se levantar a bonita igreja, onde pelo menos aos domingos os ferneenses podiam agradecer ao onipotente a existência de um elemento tão anticlerical como o senhor de Ferney, que aqui viveu durante vinte anos, recebendo as mais ilustres figuras da Europa como hóspedes, correspondendo-se com a fina flor dos homens e dos tiranos, defendendo oprimidos, escrevendo a melhor parte da sua obra, e só daqui saiu para ir morrer em Paris, onde nascera.

A casa que era dele ainda aqui está no meio do parque que plantou, o nome de Voltaire foi juntado ao de Ferney e, na entrada do parque, erigiu-se-lhe uma estátua. Não vamos dizer que seja uma obra de arte. Um retrato de bronze não chega a tanto. Mas certamente o povo sentia falta daquelas pernas finas, daquela corcova, daquele riso sardônico e desdentado, daquelas mãos aduncas como garras, e como tudo isso ficara enterrado em Paris, houve por bem galvanizar traços e gestos familiares sobre um pedestal em que se gravaram algumas palavras, um tanto estatísticas, de gratidão.

E foi quando as relia que senti um estremecimento na estátua. Olhei para cima. Voltaire me piscava o olho.

Cada dia se desvendam tantos mistérios, até então impenetráveis, que não vai ser uma piscadela de olho, por parte duma estátua, que vá assombrar um cidadão itinerante da minha categoria. E com o mesmo desassombro com que recebi o franzir de pálpebras do Voltaire-estátua, recebi a sua voz nada metálica:

— Egípcio?

— Não.

— Hindu?

— Não.

— Turco?

— Não. Brasileiro.

— Ah, brasileiro!... Boa gente, boa gente. Tem dado muito por aqui. Depois do americano e do hindu não há povo que viaje mais atualmente do que o seu, o que muito me causa espécie, porquanto o câmbio brasileiro não está assim em condições tão favoráveis para um turismo considerável. É um pessoal simpático, alegre, facilmente identificável, menos pelo tipo — e você viu como eu o supus egípcio ou turco —, mas pelas gorjetas que dá e pelas ideias que não tem. Porque, cá para nós, que ninguém nos ouve, os seus patrícios são um pouquinho ignorantes, ou melhor, estão pouco maduros ainda para compreender essa balbúrdia histórica que se chama Europa, principalmente quando se trata de gente rica, dessa riqueza fácil e safada construída na guerra ou na expectativa de outra guerra. Como acima de tudo amo a verdade, devemos excluir os diplomatas e os políticos, que esses são sempre muito ignorantes, sempre dispostos a abrir a boca para a maneira de viver europeia — o "savoir-vivre", como dizem os mais inocentes —, como se a minha pobre Europa fosse o paraíso da vida terrestre e pudesse servir de modelo ao menos para os negros da Cafrária. Mas, pela sua cara enfarruscada, estou imaginando que dei um golpe errado... Você deve ser diplomata ou político. Me perdoe.

CORREIO EUROPEU

— Não tenho nada que lhe perdoar, senhor Voltaire.

— Tire o senhor.

— Obrigado, Voltaire. E repito: não tenho nada que lhe perdoar. Não sou uma coisa nem outra. Apenas um pobre escrevinhador de histórias que ninguém lê. Mas é que tenho alguns amigos diplomatas e políticos, que escapam fundamentalmente à sua rigorosa generalização, e, como não sou amigo apenas de corpo presente, me sinto um tanto chocado com as suas palavras, embora a sua autoridade e experiência me proíbam discuti-las.

— Mas quem lhe diz que não há exceções, meu caro colega? Ponhamos duas ou três. Ponhamos vinte ou trinta. Ponhamos mesmo seus amigos todos, se quiser. E depois encontre nas minhas palavras somente a necessidade de ser geral, como filósofo que sou, e sem o que não é viável se conversar num tempo como este nosso de problemas de massas. Salvo se o jovem confrade não desejar conversas comigo, por me achar um elemento perigoso e destruidor.

O adjetivo "jovem", quando aplicado à minha pessoa, tem operado ultimamente verdadeiras transformações em mim. Apressei-me, portanto, a declarar, à simpaticíssima estátua, o empenho e honra que tinha em gozar da sua palestra.

E Voltaire prosseguiu:

— Lamento não conhecer o que escreveu...

— Não vale a pena, — interrompi-o. — Não tem o menor valor. É apenas um passatempo, pois os divertimentos na minha terra são caros.

— Deixe disso, amigo. A modéstia não é, positivamente, um apanágio de nós escritores. Do maior ao mais imbecil, todos nós nos acreditamos magistrais e eternos, e nada nos magoa tanto como constatar a existência de criaturas que ignoram o produto da nossa pena. Mas como lhe dizia, lamento não conhecer o que escreveu, porquanto é escritor de um novo mundo, que me fascina, e já ando deploravelmente saturado da palhada literária do velho continente. Infelizmente não domino o português do Brasil, bem mais suave que o de Portugal, segundo dizem, e estou já bastante velho para aprendê-lo. Confesso que uma vez já o tentei, porém, desisti amedrontado. Como é possível aprender uma língua que ainda não tem ortografia oficial, que permite cada escritor, ou jornal, manter uma grafia particular, que é sempre uma maneira hábil de eliminar ignorâncias? É duro de dizer, bem sei, você me desculpe, mas o mínimo que se exige de um povo, para ser povo, é que saiba escrever de maneira uniforme as coisas que diz. Com acentos ou sem acentos, etimológica ou foneticamente, boa ou má, não importa, o que é preciso é que haja uma ortografia. Aliás, sei também, por intermédio dos discursos de vários delegados brasileiros às conferências internacionais, tão numerosas que me fazem seriamente crer serem organizadas por companhias de turismo, que não somente o seu país não tem ortografia como não possui um dicionário enciclopédico de assuntos brasileiros, que, mesmo escrito na mais confusa das ortografias, pudesse favorecer a um possível estudioso da múltipla vida brasílica e por suposto aos próprios delegados brasileiros, que evidenciam por vezes uma espantosa ignorância das mais elementares realidades da sua terra. Creio que estas duas falhas são uma prova bem triste da incompreensão governamental da necessidade da cultura, quando ela é o unico caminho que poderá levar um país jovem ao respeito e à categoria universal.

Não sei o que doía mais, se o coração com o que ele me dizia, se o pescoço voltado para cima, já que o pedestal era alto e me obrigava a uma posição fatigante para beber todas as palavras da estátua.

— Está triste?

— Não. Mas estou cansado da posição forçada, e todo cansaço nos dá um ar de tristeza. Por que não desce? Gostaria tanto de continuar a ouvi-lo. É tão raro ouvir-se quem tem coisas para dizer. Salvo se não quer mais conversas comigo...

Voltaire riu com o esgar que o celebrizou:

— Você é um boa-praça, rapaz. Vou descer. Passo tanto tempo sem falar aqui em cima que às vezes penso estar num país ditatorial.

Armou o pulo e — plócote! — caiu junto a mim com um barulho de ferro desconjuntado. Deu-me o braço e disse:

— Vamos passear entre as árvores. Algumas fui eu mesmo que plantei. Amo-as como filhos, os filhos que não tive. São aliás os únicos filhos que não nos dão aborrecimentos.

Voltaire apoiou-se no meu braço, quase tão magro e fraco quanto o dele, e caminhamos ao encontro das árvores, pisando folhas secas sobre um chão úmido.

— Que é que veio fazer aqui? — perguntou olhando com inequívoca ternura para um velho pinheiro que vira nascer.

— Vim a vários assuntos, meu amigo. Primeiro, por questão de saúde. Sofro cá minhas mazelas e desejava confirmar um diagnóstico, do qual, aliás, tinha poucas dúvidas que não estivesse certo.

— Da confirmação de um diagnóstico é o que precisava a nossa obsoleta medicina, meu caro ficcionista. Por mim dou como caso incurável.

— Acho que está sendo exagerado. Realmente não tem acompanhado o ritmo da ciência americana. Mas não é para se mostrar pessimista. Toda técnica tem seus altos e baixos...

Voltaire cortou-me:

— Às vezes só tem baixos, como um perpétuo precipício.

— E a Suécia tem uma medicina avançadíssima, — continuei como se não desse importância ao seu aparte. — Sim, estou de acordo. Adiantadíssima. Mas quem foi que lhe disse que a Suécia é Europa? Se há matéria que precise ser urgentemente reformada é a geografia.

— Também vim porque estava cansado de ver atropelamentos no Rio de Janeiro. É um espetáculo cuja assiduidade poderá terminar por um completo embotamento da sensibilidade.

— Bem, nesse ponto temos que dar mão à palmatória. A maioria dos nossos loucos ainda não se fez motorista, quando muito se fez economista. Mas mesmo assim não é a sua maravilhosa cidade que tem a primazia de tão trágico costume. Há três outras, que eu saiba, que marcham à frente da esquisita estatística — Cairo, Alexandria e Bombaim.

— Cidades onde há mais pobreza e menos escolas do que a minha.

— Não queria dizê-lo, mas ao bom compreendedor poucas palavras bastam.

— Vim ainda para ver museus, pois acredito em museus, e a minha terra é bem pobre deles.

CORREIO EUROPEU

— Perdeu seu tempo e dinheiro, porque além de não termos museus, as coisas a que damos esse nome têm entrada paga, constituem fonte de turismo, e não uma obrigação dos poderes públicos para ilustração do povo, como o fazem os tão ridicularizados americanos. Não há escuridão mais propícia para se forjar glórias. Pode-se perder uma abóbora nestes nossos bolorentos quartos de guardados sem perigo de encontrá-la. E que sarrabulho, meu filho! Quando você quiser ver boa arte europeia, vá aos Estados Unidos, é o que lhe aconselho. Até hoje é um problema que me preocupa — não sei se foram os americanos que a compraram ou fomos nós que a vendemos...

— Vim observar também o rádio e a televisão.

— Para tão pouco não precisava vir tão longe. A estupidez, meu jovem confrade, é uma disposição universal.

— Vim observar os trabalhos da conferência das Nações Unidas.

Aí, Voltaire não conteve uma gargalhada:

— Valha-me Deus, que há coragem e inocência para tudo!

Felizmente o Deus, a quem Voltaire pedia que lhe valesse, portou-se decentemente comigo, dotando-me duma descomunal capacidade de tolerância, sem a qual seria absolutamente impossível viver no país que me foi dado como berço, terra extraordinária era que a balbúrdia é um sistema e onde a miséria é coberta com uma película dourada de promessas e falsas providências, como certas pílulas de nauseabundo gosto.

Com a mesma simplicidade com que tolero as asneiras legislativas daqueles que espontaneamente concorri para eleger, recebi a ironia com que o velho escritor me brindava. Mas como entre ser tolerante e ficar calado há uma tão sutil quão respeitável diferença, interroguei o mestre sobre as razões de mais um riso seu, porque, além de tudo, um vício que possuo é o da eterna curiosidade.

— Ingênuo amigo, — respondeu — é ato de coragem ou inocência comer tanta distância como você comeu para assistir à farsa de uma reunião da ONU. Tal presença só se pode admitir como pretexto para um passeio, pago em dólares pelo governo, como acontece com vários delegados do seu país e mesmo com alguns jornalistas oficiosos, que acompanham a delegação, e cujo único trabalho útil que têm capacidade de fazer é comprar perfumes para oferecer, com o entusiasmo dos áulicos, a certas senhoras cariocas altamente empoleiradas. Porque afinal de contas a reunião só tem um mérito — ser em Paris, que sempre é Paris, como canta todas as noites o encantador macróbio Maurice Chevalier, esta suspirada Paris, aglomeração onde todos buscam prazer e onde quase ninguém o encontra.

Como eu me mantivesse em silêncio, ele sentiu que não tinha explicado bastante. Deu um pigarro e prosseguiu esclarecedor:

— A Organização das Nações Unidas não passa duma sociedade estabelecida em bases absurdas, se antes não fossem risíveis. Imagine você uma sociedade comercial que tivesse um único sócio rico, dono da totalidade do capital, e todos os outros sem tostão, devendo ao privilegiado consócio os olhos da cara, os botões das cuecas, os vestidos das esposas, a roupa branca das amantes, e sem funções que justificassem, pelo menos aos olhos da decência, a famosa aliança do capital e do trabalho, melopeia social em que tanto virtuose desafina. Por mais fantasista que seja um ser humano, não é possível acreditar numa sociedade desse gênero, não é exato? É bem verdade que na ONU há uns poucos sócios que pretendem criar uma oposição às direções comerciais do sócio magnata e para isso estabelecem outros princípios. Como porém esses princípios visam muito claramente a empobrecê-lo, há de se ver que, apesar de longos bate-bocas e cenas da mais pura má criação infantil, o ricaço sempre termina por vencer esmagadoramente nos escrutínios da decisão coletiva, pois ao rebanho insolvável, e pior que insolvável, assustado, melhor lhe fica viver das sobras do milionário que das problemáticas promessas oposicionistas, tanto mais que os revoltados cometem um grave erro acenando com vantagens que jamais deram aos seus fregueses particulares, tal como certos cavalheiros filantropos que falam muito em caridade, citam muito o nome de Jesus, ajoelham-se piedosos diante de qualquer andor, mas não dão nada a ninguém.

Como ponto final da longa tirada, Voltaire teve um acesso de tosse e socorreu-se de um lenço (rendado!) para sufocá-la. Como, porém, seu rosto não denunciasse nenhum sinal do congestionamento que *é* próprio dos esforços estertóricos, duvido que não fosse maneira, talvez palaciana, de disfarçar o riso, porquanto minha cara devia lhe parecer gaiata com o ar de desolação que tomou durante a sua categórica dissertação.

— Ai, que esses ventos da tarde me provocam a velha bronquite! — disse ele por trás do lenço. — Melhor é voltar ao meu pouso, abrigado deles pela casa que morava meu palafreneiro e onde hoje reside um conspícuo funcionário municipal atacado de ideias clericais, que é o mais torpe reumatismo que pode atacar o coração humano.

Não andara três metros e já enfiara o lenço na manga da casaca:

— Não fique murcho com o que eu disse. Se você tinha ilusões, não matei nada, pois as ilusões não são nada.

— Não matou nenhuma ilusão, meu ilustre amigo. Fez ver apenas até onde eu estava cego. Infelizmente, e só a uma criatura como você eu sou capaz de confessá-lo, ainda não consegui me libertar totalmente de alguns reflexos que os condutores de homens me condicionaram, tais como Justiça, Ideal, Democracia, Paz, Moral, Desarmamento, Deus, Pátria, Família e outros tantos que você sabe melhor do que eu, já que levou a vida inteira a gritar contra a falsidade.

— Pois se quer um conselho, se aceita conselhos, jogue de cartas marcadas, fingindo que acredita nessas patacoadas todas. É quase uma receita de felicidade que lhe dou de mão beijada. É com a massa dessas tolices que se faz um honrado cidadão. Aprimorando o fingimento, poderá acabar herói ou santo, na pior das hipóteses ministro ou senador. O mundo não é um palco onde se possa cantar impunemente contra esses fantasmas retóricos, que formam o recheio dos discursos. Os castigos são infindáveis. Livre-se deles criando juízo, que foi o que me faltou, e passará por sábio, por venerável sustentáculo das instituições. Se mais não fui perseguido, foi porque consegui ficar rico e as verdades que eu gritava sabia escondê-las sob mil pseudônimos, e nenhuma vaidade me fazia confessar autor dos meus panfletos. Fique rico! Seja cínico e seja grave. O cinismo aliado à gravidade opera milagres, os únicos aliás com que pode contar o papado nestes tempos tão anticristãos.

CORREIO EUROPEU

E como já estávamos diante do pedestal vazio, Voltaire mudou de assunto:

— Me dê uma ajuda, meu caro.

E muito desembaraçadamente apoiou-se no meu corpo para armar o pulo. Não foi fácil dá-lo, mas sempre o fez. E, ao sentir-se lá em cima, respirou aliviado:

— Ufa! que esta história de trepar positivamente não é mais para mim. Os ossos não ajudam.

— Mas a cabeça é a mesma, ágil como um pássaro livre!

Os olhos dele brilharam com o confete. A voz açucarou-se:

— Você tem que seguir o seu caminho, rapaz. Mas nunca me esquecerei de você. Nunca! E se bênção vale qualquer coisa, leve a minha. Se algum dia correr algum perigo, corra para cá que eu o esconderei nas dobras da minha casaca.

Retomou a posição estatuária e imobilizou-se.

— Vem cá, meu filho, você conhece na sua terra um jogral chamado Oswald de Andrade? Passou uma vez por aqui com uma camisa vermelha, outra com uma camisa azul, e ainda outra com uma camisa que não parecia ser branca. Aborreceu-me muito, lendo trechos de umas bobagens que ele julga que é romance.

— Não, amigo Voltaire. Não o conheço. Sou pouco versado em literatura pré-colonial. Desse período obscuro e medíocre, lembro-me apenas dos nomes de primeiro e segundo plano.[1]

---

[1] O que ligava o autor a Oswaldo de Andrade era profunda amizade e admiração. As impertinências, que mútua, frequente e publicamente trocavam, faziam parte de um jogo que mantinham havia longos anos e que a triste morte, em 1954, do criador das *Memórias sentimentais de João Miramar*, veio cortar.

— Bem, foi uma lembrança à toa que me veio. Como você é brasileiro... Mas não tem importância. Boa viagem!

— Obrigado, amigo!

Acenei-lhe com a mão quando dobrava a rua, ele, porém, já era puro metal imóvel.

Paris

I

A primeira vez que eu vi Paris foi letra de fox no cinema falado; agora é céu sólido, cinzento, sobre o casario preto, sujo, sobre as primeiras árvores amarelecendo. E de noite esse céu desabou em chuva de pedra num exagero de recepção.

II

As malas não são muitas e o coração vai vazio. O chofer fez má cara porque estava a meio de um romance, russo por sinal, de páginas sebentas, em brochura. Mas, afinal, sempre se decidiu, confundindo nome de rua com nome de hotel, o que deu motivo para algumas voltas supérfluas.

O primeiro pagamento em outra moeda é sempre momento delicado — nunca sabemos se devemos ser justos ou pródigos e tememos secretamente o perigo das reações.

O táxi caindo aos pedaços funciona com um relógio ao ar livre e uma tábua de logaritmos de uso manual, que aparece na hora propícia. A quantia marcada pelo relógio é completada pela tábua em rápida mas difícil operação. Não compreendo bem o que me diz o chofer, e o dedo grosso e imundo aponta um número na tábua imunda. Deixo-me vencer pela matemática.

III

O empregado da recepção é amabilíssimo por função e nacionalidade.

— Buenas tardes, cumprimenta, pois sabe que somos brasileiros. E num voo de sobrecarga marrom e dourada conduz-nos ao elevador, que é uma mistura antidiluviana de cristaleira com gaiola. Para funcionar precisa ser tratado com especial carinho. Amai-o para entendê-lo, mas o "coup de foudre" stendhaliano não se pode aplicar aos elevadores. Bem ou mal chegamos ao terceiro andar de tapete vermelho e luz de claraboia.

IV

De mapa na mão, como convém às criaturas sem vaidade, apresso-me a compreender o mecanismo citadino e chego à conclusão que o que resolve mesmo é o metrô, tanto mais que o plano dele me garante que se o de Nova York é o mais rápido e o de Moscou, o mais luxuoso, o de Paris é o "mais inteligente". Tal adjetivo funcionou como banana para macaco e afundo-me pelo chão abaixo.

E num canto de estação intalava-se o Raio-Verde, que observa tudo, analisa tudo, nada lhe escapa. Consulte-o sempre, aconselhava o cartaz nada discreto em gás neon. Voltei dois passos atrás e decidi-me. Coloquei a moeda de dez francos na greta especial para este fim e afundei os olhos no mostrador de vidro, como indicavam as precisas instruções. A moeda despencou lá dentro num trajeto de barulhos metálicos, seguidos de outros elétricos, assim como a ronqueira de um rádio que não está sintonizado, e o mostrador iluminou-se com um olho verde de propriedades certamente hipnotizantes e magnéticas. Enquanto o barulho se processava cada vez mais intenso nas entranhas da máquina, a pena mágica, por trás do mágico olho verde, devassava meu ser e escrevia coisas que, a um barulho mais forte e final, caíram sob a forma de um papelãozinho numa cavidade especial existente na parte baixa do aparelho, que emudeceu ao mesmo tempo que se apagava o olho radiosamente verde do mostrador.

Leio no cartãozinho misterioso: "Espírito discutidor, entusiasmado mas sem rancor. Perde seu tempo em amor, mas consegue reavê-lo amando depressa e bem. Nunca se entregue à preguiça. Utilize seu brilhante poder inventivo e progredirá rapidamente. Fuja de agradar. Sua posição é vertical."

Sinto-me orientado — viajando é que se aprende! Apuro a minha verticalidade e, galgando mais alguns degraus, acho-me novamente na superfície da terra. Diante de mim as colunatas da rua Rivoli com uma perspectiva de cenário.

V

Até 1914 a vida brasileira era pronunciadamente marcada pela vida francesa. Moda, figurinos, tecidos, xaropes, elixires, pílulas, supositórios, patês, água mineral com rolha de cortiça e gosto de choca, manteiga em lata, boas maneiras, chapéus, bombons, enxovais de noiva, literatura, licores, tudo vinha da França com pouco ou nenhum imposto. O máximo da informação era a *Ilustração Francesa,* em papel cuchê e com uma peça teatral de contrapeso. O livreiro Garnier era o lançador dos valores nacionais em volumes impressos nas margens do Sena, com centenas de *et* em lugar de *e.* Os médicos, depois de aprenderem nos Ganot, Testut, Roger, Forgue, Taubert, Policard, Collet, Mouriquant e quejandos, iam-se especializar nos hospitais de Paris e, ao voltarem, apregoavam essa superioridade profissional na placa do consultório e nas folhas do receituário. As lojas chamavam-se Parc Royal, Au Bon Marché, Notre Dame de Paris, La Mode, Magasin Au Louvre, Madame Roche, Bazar Français — uma alucinação de brinquedos! —, Les Bijoux, Au Printemps, Trocadero; a Elite, a Lallet e a Cavé eram as confeitarias do bom-tom; e os cinemas lançadores eram o Odeon, o Pathé e o Palais.

A moeda miúda dos galicismos constituía o dinheiro corrente na bolsa da vida elegante e daí rolava rapidamente para a burguesia — vestido era *robe*, roupão era *robe-de-chambre*, espreguiçadeira era *chaise-longue*, penteadeira era *psyché*, elegante era *chic*, aparador era *étagère* ou *buffet*, conforme as prateleiras.

Nas ruas burguesas elevavam-se residências ao gosto de Saint Germain, com telhados de ardósia, teto de estuque trabalhado, mobílias Luís XV, centenas de bibelôs horrendos e quadros *hors concours* dos salões acadêmicos em pomposas molduras douradas, que os cupins nacionais atacavam sem o menor respeito. E até pássaros os bulevares nos mandaram, e foi assim que o pardal enxotou tico-ticos e cambaxirras, já que a amante do prefeito, que era francesa como toda amante que se quisesse ostentar, não podia viver, coitada, sem ver as pequeninas e daninhas aves parisienses.

Uma obra monumental invadia os lares cada ano em nova edição, alentado volume de mil páginas ilustradíssimas, em papéis de várias cores, conforme as seções — o catálogo das Galerias Lafayette.

Quanta meninice brasileira, na prisão dos dias de chuva ou na interminável quarentena das enfermidades milagrosamente curadas com calomelanos, clisteres e dietas severíssimas da escola de Paris, não passou debruçada sobre o mundo de curiosidades que aquelas páginas ofereciam como bazar miraculoso: bonés, bicicletas, patins, canoas desmontáveis, anzóis em forma de vermes e insetos, barracas de campanha, material cinegético, brinquedos de corda, lustres, bengalas de estoque, espantosos pós de arroz em forma de livrinho — a dama abria-o na rua, tirava discretamente uma página, esfregava-a no rosto e estava pronta para os golpes da sedução. E o papel da Armênia que ao queimar impregnava a casa de um cheiro misto de capela e *boudoir*? E os colarinhos e punhos de celuloide que não precisavam lavar? E as gravatas de laço feito? E os suspensórios de engenhoso mecanismo? E as bonecas de *biscuit* que mexiam com os olhos e diziam "mamã"? E os cartões-postais com amantes se beijando? E os álbuns infantis com figuras de Rabier? Ah, todas essas maravilhas podiam vir pelo correio, para os mais ronceiros rincões, diretamente de Paris, a um simples pedido, sem complicações de licenças prévias, divisas e cambiais.

E ao flanarmos pelas ruas de Paris 2000, o que encontramos nós se não as últimas e recalcitrantes páginas do velho catálogo, que um mundo de duas guerras soterrou para sempre?

VI

Os sabidos ou requintados nos dão o conselho da experiência — ver Paris devagar. Isso me faz lembrar a reunião de grã-finos (detestam pintura!) para a apresentação da tela de Cézanne, *O negro Scipião*, cujo valor, cá para nós, é puramente histórico e não superior a uma fralda ou chupeta do pintor quando petiz. Ao deitar improviso, o atual romancista Benedito Valadares culminou assim: "Devemos admirar o quadro em conjunto."

VII

A praça da Concórdia é o Amazonas das praças. Aos sábados, domingos e dias nacionais, tem repuxo. No canto esquerdo (não há vestígios) muita cabeça foi tirada do pescoço quando o povo andou solto adquirindo seus direitos. Tiremos nós o chapéu para o Obelisco de Luxor, no centro. Eis uma lisonja bem-colocada!

VIII

O Museu do Louvre instala-se no palácio que não foi feito para museu. Se faz mau tempo, fecha mais cedo, ou mesmo não funciona, porque não há luz bastante para ver os quadros, já que as condições arquitetônicas da almanjarra não permitem a instalação de uma rede elétrica, que poderia mesmo ser perigosa no caso de um curto-circuito. Se faz bom tempo, também não se pode ver bem as peças, porque a luz que entra pelas vastas e numerosas janelas perturba a visão de grande número de obras. Mas tem uma chapelaria que guarda até cachorro. É um serviço admirável. Saí com um guarda-chuva novo.

IX

Le Moulin de la Galette. Pintado é melhor.

X

Guardo comovido o bilhete de entrada ao túmulo do imperador. 50 francos — baratíssimo.

XI

Também baratíssimo é a visita às catacumbas — um quilômetro de tíbias, fêmures e caveiras — para a qual todavia se recomenda o uso de uma vela. A vela é cara.

XII

Saint-Germain-des-Prés. Usa-se muito sandália e pé sujo.

XIII

Foi espetáculo dos mais simbólicos, o solene criado em rigorosa libré nos Campos Elísios. Levava gravemente, na ponta das luvas brancas, uma salva de prata e nela uma garrafinha de Coca-Cola.

XIV

Não somos mais que dois ou três homens livres de todos os liames. Demo-nos as mãos, formemos uma cadeia invencível da Rue de la Paix ao morro da Viúva.

XV

A cidade não esquece os mortos da sua liberação. Onde tombaram, lá estão as placas com os seus nomes para a eternidade. Ajuntemos uma flor anônima às flores anônimas que as enfeitam.

XVI

Os muros hoje amanheceram me dizendo outras coisas além de convites para teatros, lojas, bebidas, dentifrícios, impermeáveis e recantos turísticos.

Em branco e letras pretas: "Pela liberdade e pela paz, trabalhadores de todos os países, uni-vos! (Palavra de ordem da Federação Sindical Mundial) Pela liberdade e pela paz, jovens de todos os países, uni-vos! (Palavra de ordem da Federação Mundial da Juventude Democrática). Mas para se unir, é preciso se conhecer e ter contatos. Organizai uma campanha de assinaturas pedindo à URSS que abra suas fronteiras para a livre saída de seus trabalhadores e de seus jovens e para a livre entrada de trabalhadores e de jovens de outros países."

Em vermelho e letras amarelas: "Os americanos da América!"

Em giz branco sobre o tijolo, que há muitos anos já não tem mais cor de tijolo: "Judeu + fome = guerra."

Em carvão sobre um anúncio de gim: "Morra, De Gaulle!"

Em cartaz tricolor, representando uma porção de sujeitos magros e tristes atrás de pesadas grades cerradas com um vastíssimo cadeado, no qual se inscrevem as letras URSS: "Aproveite suas férias para visitar a Rússia — país da liberdade!"

XVII

Bom sinal — em quatro anos o cinema francês perdeu, leio nas folhas, quarenta e quatro milhões de espectadores.

XVIII

O diabo tem três invenções: a mulher, o automóvel e o café-filtro.

Chama-se café-filtro o líquido preparado por um aparelho especial e metálico que se coloca em cima da xícara que é levada ao freguês. O aparelho possui um dispositivo em forma de ralo que comprime, contra um outro ralo, umas duas colherinhas de pó de café. Este dispositivo está dentro de um receptáculo cilíndrico, no qual se deita água fervendo.

O tempo necessário para a água passar do receptáculo para a xícara, através do pó e do ralo, vai de quinze minutos a meia hora; algumas vezes, porém, empaca de maneira irremediável, obrigando o comparecimento do garçom para o competente desentupimento. Mas, até quase uma hora depois de posto em funcionamento, não é qualquer mão que consegue tirar o trambolhozinho de cima da xícara, tal a propriedade que tem de conservar calor indefinidamente.

O café-filtro é mais caro que o café comum, embora sua superioridade seja duvidosa, e provocou algumas confusões quando da recente passagem pela França do nosso simpático vice-presidente Café Filho.

XIX

Conceituosa conversa, numa recepção de embaixada, com uma substância que até agora não sei bem se era mulher ou omelete.

XX

Paro na provocante vitrine da Casa Bacqueville — numa ala do Palais Royal —, que é especializada em condecorações francesas e estrangeiras. Tenho vontade de me condecorar, mas meu gosto hesita entre as medalhas do mérito social, turístico e comercial.

XXI

A Escola Militar, assunto do século XVII, é majestosa demais para caserna. E muito mais teria sido, se o encarregado das obras, Paris-Duverney, fornecedor dos exércitos do rei, não tivesse posto um pouco de cobro às alucinações do arquiteto Gabriel.

Tal estabelecimento jamais passara pela cabeça de Luís XV, mas Paris-Duverney, de tanto fornecer para a guerra, acabou tomando gosto por coisas militares e imaginou uma escola que recebesse os jovens fidalgos pobres e os largasse três anos depois como oficiais.

Quem se entusiasmou com a ideia não foi o rei, foi mais que o rei — Madame Pompadour, que jogava de mão nos reais aposentos. O projeto foi aprovado, e Paris-Duverney botou imediatamente mãos à obra, isso em 1751.

Autorizar um projeto é matéria fácil para um apaixonado da marca de Luís XV — basta uma penada. Torná-lo realidade é outra história em que entram milhões do Estado, e, como a ajuda financeira oficial fosse quase zero, a bela Pompadour se viu obrigada, para manter o capricho aos olhos dos cortesãos, a botar do lindo bolsinho uns poucos milhares de luíses na caixeta das obras. Mas não seria apenas com a generosidade pompadouresca que o fornecedor e a favorita levantariam os deslumbrantes planos de Gabriel. O favor do rei era imprescindível. Se ele visitasse as obras, estariam elas salvas. Sua Majestade, porém, inexplicavelmente, jamais atendeu ao pedido da namorada, atrasando sempre a visita para um dia que não chegava.

CORREIO EUROPEU

Foi quando apareceu o jovem Beaumarchais, que ensinava harpa às filhotas do rei. Industriado pelo fornecedor, o harpista consegue levar as alunas, não sei se boas, a visitar as obras da escola, e as princesas arrastam o pai no passeio. Como num passe de mágica tudo se arruma depois disso. O imposto sobre baralhos — vejam só! — e depois uma loteria especial permitem atacar firme a construção, que termina em 1772, com Pompadour já enterrada e Paris-Duverney tão velho, coitado, que assiste à cerimônia da inauguração levado numa cadeira.

E foi nela afinal que o cabo Bonaparte fez seus estudos. Aos dezesseis anos o pequeno corso saía segundo-tenente de artilharia e a opinião dos mestres bélicos era que o aluno iria longe, se as circunstâncias o favorecessem. Favoreceram tanto que acabou nos Inválidos, num túmulo em pórfiro vermelho da Carélia que pesa duzentas toneladas.

XXII

Se estou ficando velho, não é o espelho quem mo diz nem as prescrições médicas, que sigo à risca, mas certos acessos de cólera de ordem moralista, que estão ficando frequentes e que ainda acabarão por me proporcionar encrencas.

Hoje, por exemplo, não me contive — saí aos saltos do bar enfumaçado, quando o manjadíssimo vigarista conterrâneo, na terceira vilegiatura parisiense deste ano, contava, para provar que a vida estava cara, que pagara para a esposa (não virtuosa) três vestidos de trinta mil cruzeiros cada um, no desfile de inverno do Cristiano Dior. Foi o recurso para não o esbofetear.

XXIII

O uso do totó é uma instituição. Mijam a cidade toda. E no entanto não há mictórios para cachorros. Há para homens — com visibilidade de pernas —, que mijam muito menos.

XXIV

Pão é aos metros, debaixo do braço e sem papel.

XXV

O judeu Jônatas era cabra danado. Useiro e vezeiro em tramoias, quem lhe caísse na unha estava depenado. E foi o que aconteceu com uma pobre viúva que, ajoelhando-se a seus pés, rogou que ao menos lhe deixasse um vestido para assistir à Santa Missa da Páscoa.

Depois de ver muita lágrima rolar, a astuta raposa consentiu sob uma condição — que a ovelha do bispo lhe trouxesse a hóstia que ela iria receber na dita missa. Com a hóstia nas garras, o nefando Jônatas armou-se de uma faca para cortá-la em mil pedaços, mas, ao primeiro golpe sacrílego, o sangue jorra da abençoada partícula. Tomado de terror, ele a atira numa panela de água fervendo e a água se transforma em sangue, que transborda, escorre por debaixo da porta para a rua, chama a atenção do povo, que entra e pega o miserável, que foi queimado vivo e teve a casa arrasada.

Arrastado pela paixão da lenda, visito o templo e o Claustro des Billettes, erigidos para perpetuar tão sensacionais e beatos acontecimentos, no próprio lugar onde eles se verificaram, isso no remoto ano de 1290.

XXVI

Não pode haver mais errônea simbologia do que escolher a maçã como elemento da paradisíaca tentação. Eva deveria ser tentada com um pão francês.

XXVII

Homem que ainda acredita em livros, coloco-me de costas para o Louvre, a uns vinte metros do Arco do Triunfo do Carrossel, como recomenda a brochurazinha *Conheça Paris*, e olho na direção do Arco do Triunfo da Estrela, ou simplesmente l'Étoile, como dizem aqueles que sabem profundamente francês.

Apesar da literatura, não consigo me emocionar; pelo contrário, me enfastio com a progressão de árvores se desfolhando, com a quádrupla fila de veículos escorrendo pelo largo declive dos Campos Elísios, com o vento outonal que traz arrepios para as mãos sem luvas, com a multidão de estátuas dum gosto triste, que me arrepia ainda mais.

XXVIII

Uma é loura, a outra é morena. Uma é discreta, a outra é aloprada. Ambas são brasileiras, o que é acidente, mas jovens, o que pode ser uma virtude.

E se uma é inteligente, a outra, que Deus me perdoe a má língua, raia pelos cumes da mais espetacular burrice, tem mil compras a fazer, fala em dinheiro a cada instante, dinheiro grosso já se vê, e só deseja ver um palácio, do qual não sabe o nome, mas que tem um jardim francês na frente e um jardim inglês atrás.

XXIX

Comprei uma bonita coleção de poses pornográficas (doze) para levar para um amigo. Acredito que ele vá gostar muito.

XXX

Como odeiam os americanos! Mas como gostam de dólares!

XXXI

Quarteirão Latino. Camisa preta é ótimo. Pode passar seis meses sem lavar.

XXXII

Insisto no pequeno guia: "Paris estende-lhe a mão: o Sena é a sua linha de vida; a reta do Louvre à Estrela, a linha do destino; os grandes bulevares, a linha do coração (aqui bate o coração de Paris); urge subir ao bairro Latino, vizinho de Montparnasse, para encontrar a linha da inteligência; quanto à linha da sorte, cabe a si, visitante amigo, encontrá-la, elegê-la e proclamá-la."

Encontro-a, elejo-a e proclamo:

— Primeiro um banho, *ma petite.*

XXXIII

Quando Juliano, comandante das legiões da Gália, foi proclamado imperador romano, encontrava-se na sua querida Lutécia. E, ao despedir-se, fez o elogio do povo, frisando que ele não adorava Vênus senão como a deusa do casamento e Baco senão como o deus da doce alegria. Mas depois de Juliano, muita água correu sob as pontes da cidade.

Também muita água corre agora do céu. Armo-me do empenado guarda-chuva, que me custou um horror de francos, e vou matar a noite no cabaré de Madame Artur, onde trinta a quarenta rapazes, vestidos e arrumados como mulher, com tal propriedade e elegância que podem iludir qualquer brasileiro menos experiente, cantam tangos, cançonetas, valsas *musette* e cópias do bulevar, com letras bem mais picantes que a mostarda de Dijon, e que o público entusiasmado aplaude, e não raro participa, bebericando conhaque ou champanha, servido por uns outros dez cavalheiros de idade provecta, aposentados cantores, fantasiados de escocesas.

XXXIV

Nunca é demais rimar outono com abandono.

XXXV

— Paris é isto — diz-me o político "fesandê" com um gesto nostálgico de exilado de lutas campanárias, num restaurante escondido do Cais de São Miguel — a *grisette*, a *midinette*, a florista.

E comprou as violetas que traziam felicidade, segundo apregoava com voz discreta a vendedora.

XXXVI

A Sala do Jeu de Paume é um rabinho do Louvre dedicado exclusivamente aos impressionistas, mas, tal como acontece no Louvre, são deficientes as condições da apresentação.

Como o impressionismo sofreu na França a mais intensa guerra por parte dos mestres acadêmicos, donos da pintura do tempo e cujos grandes nomes hoje mal se conhecem, só muito tarde, praticamente só depois da I Guerra, mereceu a glória da louvresação. Em virtude do atraso consagratório, a maioria das peças é de menor qualidade, porque as melhores estão espalhadas pelos museus americanos, gente rude e endinheirada, que comprava todas as bobagens que os parisienses lhe impingiam.

XXXVII

Fala-se muito em cultura europeia, mas pensemos nos vinte séculos dessa cultura (com nove mil guerras) e nos nossos parcos quatrocentos e poucos anos de participação humana. Pensemos no nosso clima hostil e na nossa hostil geografia, pensemos na nossa indigência demográfica. Arme-se, depois, uma ginasial proporção, e só os cegos, que sempre haverá cegos, ou os tolos, que sempre haverá tolos, não perceberão a vantagem que levamos, vantagem que crescerá cada vez mais, pois os métodos da difusão, cada dia mais instantâneos, eliminarão a distância que sempre embeleza e valoriza as coisas.

XXXVIII

O Saint-Étienne contratou um jogador brasileiro para reforçar o seu quadro principal neste campeonato. Como, porém, um jogador brasileiro só não faz verão, o pobre do Saint-Étienne está mesmo é na rabada do campeonato, o que não impede que eu torça desesperadamente pelas suas cores.

XXXIX

Glória Viollet-le-Duc pelas fachadas medievais e místicas catedrais góticas com que encheu Paris em 1860! Enganam muito.

XL

Como é domingo, tome holofote.

XLI

Namorar a Europa, no pé em que ela está, é tão néscio como namorar uma velha de 91 anos que foi bela aos dezenove e da qual há mil retratos românticos e um milhão de sonetos exaltadores.

Não adianta ser sentimental, a vida será outra vida e aos povos da América caberá seu papel, que positivamente não será o de galã. Se a Europa quiser persistir, que utilize os conhecidos argumentos mitológicos da fênix — aprenda os passos da nova dança, que música não faltará.

Não é sem razão, portanto, que o jazz, como voz do tempo, inflame a mocidade francesa, que o pistom do negro Hot Lips Page sacuda as almas jovens em passos jovens no Club Yieux Colombier, que fica embaixo do teatro.

Por natural oposição, a velhice interessada, inadaptável, inconformista e acadêmica, se defende falando muito em cultura e olhando com desprezo os americanos, por não saberem escolher o vinho que devem tomar com caracóis à borgonhesa.

Estou perfeitamente convicto de que a cozinha americana seja detestável, mais bisonha aliás que detestável, embora lesmas, com ou sem molhos especiosos, possam de alguns homens simples não merecer nada além que repugnância, e que testículos de carneiro à provençal não tenham para eles nada de sublime.

E se a escolha do vinho adequado é prova de refinamento, não chega a constituir assunto tão transcendente, sejamos francos, que sirva de alicerce para se erguer uma catedral de desprezo.

No mundo há muita coisa bem mais importante do que escolha de vinhos e caracóis, e delas, Deus meu, os desprezadores estão tão longe como a Terra da lua. E seria lícito, por acaso, que se desprezasse a capacidade dos franceses só porque construíram a ex-linha Maginot como elemento de defesa?

XLII

Saber comer é uma arte da qual os franceses acreditam ter a chave sutil e exclusiva. E como bobice pega, lá fui arrastado pelos quatro refinados diplomatas para um restaurante junto ao mercado e cujo dono era um portento dessa afabilidade mercantil, que se não podemos chamar de hipocrisia também não podemos chamar de decência.

Como há quarenta outros requintados mais madrugadores, tem-se que esperar duas horas por uma mesa vaga, tempo que não é perdido para quem sabe aproveitar a vida como esses brilhantes amigos. E a espera é recheada com camarão frito (um pouquinho sem sal), com vinho branco (estalar de língua, entreolhares inteligentíssimos), com a encomenda do esquisito cardápio e com assuntos vinícolas, culinários e diplomáticos — promoções, promoções, promoções! — da mais suficiente banalidade.

Para gozar plenamente o prazer do inefável, não quero saber que extraordinários pratos irei saborear — nada há mais maravilhoso do que a surpresa.

E como tudo afinal tem seu termo, chegou o momento de irmos para a mesa, depois de se terem escolhido famosíssimos vinhos, cuja velhice é facilmente provada pela camada cinquentenária de poeira colocada anteontem nas garrafas pelo dono da adega. E o manjar dos deuses vem fumegando: ensopadinho de língua de vaca fresca com batatas, pitéu que nunca ninguém no Brasil jamais comeu ou imaginou!

XLIII

Passeio pelas galerias da rua do Sena. Utrillo desaprendeu o pouco que não sabia.

XLIV

As palavras mais enjoadas do mundo: "ulalá" e *chéri*. O *monsieur-dame* dos garçons também enche muito.

XLV

Açúcar é como casamento no Brasil — indissolúvel.

XLVI

— Paris é uma delícia!

E ela me diz isso, a linda patriciazinha, com tal explosão de sinceridade que não discordo, apenas concluo que delícia é uma chatice diferente.

XLVII

Embora alguns admiradores profundos de Paris afirmem, orgulhosamente, que depois da morte de Voltaire nada mais surpreendeu o povo parisiense, a legítima verdade é que algumas vezes a cidade toma os seus sustos, que é uma forma de surpresa.

E foi assim que tremenda confusão e pânico estabeleceram-se nos bulevares, quando dois leões, três tigres, quatro ursos, duas hienas, quatro lobos e três focas amestradas, fugindo de um circo, entraram a fazer estrepolias circenses e não circenses.

Durante um bom par de horas, a polícia, com fuzis e metralhadoras, e os bombeiros, com as suas mangueiras d'água, ajudaram o proprietário do circo a caçar os bichos que fugiram, quando o peso da neve acumulada fez com que desabasse o teto das jaulas.

A tarefa revelou-se das mais difíceis, e como o intenso trânsito de veículos assustasse as feras, muita coisa não aconteceu de pior.

Houve quem pensasse em abatê-las a tiros — eram visitantes ingleses. Mas a Liga Protetora dos Animais veio em defesa dos fugitivos, e as armas policiais ficaram caladas.

E quando não se sabia mais que medida tomar para reconduzir ao seu domicílio a extraviada bicharada, eis que surge um cidadão com uma ideia salvadora: os guardas deviam formar um cerco e ir procurando encaminhar os animais para certa avenida dos Champs Élysées. Nessa avenida, que tem o nome de um dos grandes pensadores que o mundo já possuiu, existia uma embaixada que ele conhecia.

Os guardas, e não fossem eles guardas franceses, de espírito sutil e pronto, compreenderam tudo. Compreenderam e puseram-se à obra.

Em poucos minutos as feras estavam todas dentro da embaixada. E uma hora depois, tontas de uísque e champagne, eram socorridas em estado de coma alcoólico por funcionários da Liga Protetora dos Animais e, por esses generosos cidadãos, reconduzidas às suas jaulas, onde respiraram felizes e livres, dispostas a nunca mais fugir, sabendo, por experiência própria, que é muito melhor apreciar o terrível gênero humano protegidas pelas grades de ferro.

XLVIII

Quando o amoroso aeronauta entrou no metrô, já lá estavam os três padres de boina preta, com ar campônio e o cheiro peculiar de incenso e suor. Ocupavam os lugares reservados aos mutilados de guerra, cegos ou inválidos civis, e a idade que os separava podia fazer pensar em avô, filho e neto, embora os seus gestos tivessem a mesma idade — mil e novecentos anos de falsa humildade.

O aeronauta era gordinho, baixinho, vermelhote. E não entrou sozinho. Entrou *avec*. E a dona era assim como um colchão amarrado, com marcas de frio nos dedos vermelhos e maltratados e de falta de sabão em vários outros pontos do anafado corpo. Mas que importância, digamos, tem o sabão ou a falta de sabão para quem está apaixonado? E o bravo dominador dos ares demonstrava publicamente na terra o seu exaltado estado lírico. Com um *looping* de cabeça enfiou o nariz no cangote da dama, que se sentara ao lado de um dos reverendos, enquanto seu par ficara debruçado nas costas do banco. Ela deu uma sacudidela como se espantasse mosca, e ele, certamente um herói da guerra, metralhou-lhe o pescoço com uma saraivada de beijos. A gorducha demonstrou, por conhecidíssimos estremecimentos, que a sua adiposidade não a encouraçava contra tais projéteis e que o coração fora atingido por eles. Impulsionado pelo êxito do impacto, o aeronauta voltou furiosamente à carga, acompanhando os beijos de palavras consequentes em tom meloso e audível para os passageiros em geral e muito particularmente para os sacerdotes, que se entreolharam com sabedoria de sacristia, tendo o mais velho, por um sorriso condenatório, mostrado seu desprezo por tais práticas terrenas. E o aviador desceu em pique até o volumoso seio da sua Dulcineia. Desceu e mergulhou a mão enamorada naquelas irresistíveis profundezas. Não sei se foi um riso, um grito, ou as duas coisas juntas o que a dama deu. Mas os padres levantaram-se. Levantaram-se ao mesmo tempo como num passo de *ballet*, enfiaram-se pela porta que se abrira com um suspiro pneumático — estava-se na Concórdia. Da plataforma, num tríplice olhar, condenavam ou invejavam o aviador. Esse, porém, nem eles se tinham levantado e já estava com a sua dama ocupando o banco todo que se vagara. Novo suspiro pneumático e o veículo arrancou, e antes que o aviador praticasse mais um ato por demais aviatório, fui obrigado a descer pois tinha encontro marcado na outra estação.

XLIX

— Corot pintou dois mil quadros, dos quais três mil estão nos Estados Unidos...

É um *mot d'esprit* bem parisiense, mas como o tempo do *mot d'esprit* está defunto ou moribundo, seria da maior urgência que se cavasse um pouco do saldo americano para os museus franceses que bem o precisam.

L

Formas do cretinismo: frango assado come-se com a mão e é até muito chique. Maçã e banana, com garfo e faca.

LI

Diplomatas — amai para entendê-los.

LII

E numa volta de cais, a noite avançada e fria, a lua pálida em pálidos reflexos sobre as águas sujas onde apaixonados se afogam, quem encontro se não o fantasma barbicha do escritor amado?

— Olá, — me diz saindo detrás do castanheiro —, tenho-o acompanhado por todas as partes.

— Por que não se apresentou antes? Tenho pensado tanto em você...

— Precisava observá-lo, saber o que pensava disso aqui.

— Lamento os meus pensamentos, que certamente o ferirão, pois todo francês é sensível.

— Não serei uma exceção, mas compreendo o mundo das decepções, a injúria dos lugares-comuns que tanto me amarguraram a vida, a falsidade da tradição, o rótulo dourado nas garrafas de maus licores.

— Ainda bem que compreende, meu amigo.

— Compreendo também certos estados de desespero, difíceis de traduzir se não pela ironia, que é arma perigosa. Pois você também é caçador de imagens como eu, meu filho, com menos talento, não há dúvida.

— Mas muito menos avaro —, retruco para me vingar.

LIII

Cansado dos cartazes maravilhosos, das vitrines maravilhosas com preços não maravilhosos, cansado de ter que elogiar quatorze mil espécies de vinhos, de aperitivos e de perfumes, cansado de plátanos sem folhas e castanheiros amarelos, cansado do vulto da torre e das agulhas da Notre-Dame ou da Santa Capela, cansado dos bulevares onde a literatice universal vem passear, despeço-me do último apache (de costeletas postiças) no Bal des Anglais e faço as malas de volta sem nenhum contrabando de mercadoria chique ou ideias enferrujadas:

"Paris, Paris je t'aime
Mas eu gosto muito mais do Leme."

Antes, porém, um volteio pela Riviera.

Tours

I

Na entrada da ponte Wilson, que foi destruída estrategicamente na última guerra, mas que já está outra vez de pé, a razão e o instinto vigiam os habitantes da cidade de Balzac, sob a forma de estátuas — Descartes e Rabelais, o primeiro que, insatisfeito com o que encontrou nos livros, resolveu só "procurar a ciência em si mesmo, na meditação, ou no grande livro do mundo", o segundo que cantava o vinho de Bourgueil, os morangos com creme e as ervas perfumadas, que ele ia colher, nos campos, com a amada.

II

A catedral oferece toda a evolução do estilo gótico com o alto das torres em pura renascença. As imagens são da Casa Sucena.

A peça estava armada a um canto da nave, mas o defunto já fora levado. Alguém se benzeu.

III

Entre o *hors d'oeuvre* — *"le boudin blanc, bourré non de mie mais de blanc de poulet"*, servido com vinho branco de Vouvray — e o peixe, com um branco d'Anjou, lá vai uma boa soneca.

Entre o queijo de Valençay, regado com um Bourgueil, cujo perfume é de framboesa, e o doce de Orléans, enriquecido com um Saumur da melhor cepa, pode-se ler pelo menos *A mulher de trinta anos*.

A vida devagar é outra coisa!

IV

Vai-se muito bem pelo campo de vinhedos e mais vinhedos e, de repente, uma fumacinha se eleva do chão — é a chaminé de uma casa subterrânea, as trogloditas, como são chamadas na região, e cuja entrada, sempre alegremente florida, é feita num barranco ou num corte de morro.

Ao abrigo de frios, calores e umidade, é lugar ideal para o homem e para o vinho, e nelas é que se encontram as grandes cavas centenárias. Concorrentes dos coelhos, os seus habitantes criam para os saborosos roedores situações às vezes bem delicadas, pois podem estes, por uma perfuração imprudente, cair diretamente da toca nas panelas trogloditas.

V

O simpático comerciante de Düsseldorf não está de comércio, está de vilegiatura. Sem que eu tivesse duvidado um segundo, faz questão de provar a excelência da máquina alemã, coloca-me, meio a muque, no meio da praça e zás! bate a chapa. Devo ter saído comprometedoramente com a fachada da catedral atrás:

VI

Não encontrei o cura de Tours nos passeios vesperais por entre melancólicas ruínas de bombardeamentos, mas encontrei uma freira de Tours. Ia de bicicleta com um grande saco de provisões na traseira, as asas da touca voejando como as de um desarvorado, tristonho, pássaro branco.

Chapelle-sur-Loire

Quando foram conduzidos, de Auxerre para Tours, os veneráveis restos do grande São Martinho, o caminho da procissão se encheu de doentes e aleijados, cujos males desapareciam miraculosamente à passagem das relíquias.

Dois pobres paralíticos, que viviam da caridade pública, alarmaram-se com a terrível novidade, pois a cura para eles seria a ruína completa. E para escapar ao ameaçador milagre, fogem com a rapidez que lhes permitem as estropiadas pernas. Foi, porém, tão escasso o auxílio de tais membros que o cortejo os alcança, e ei-los instantaneamente curados pela graça dos céus.

Felizmente o milagre, dando vida às pernas, não lhes modificou a cabeça. E aproveitando as habilidades de pedintes com os benefícios da cura, lá se foram eles, pelas margens abundantes do Loire, glorificando o Senhor e o seu Santo com tal ardor que conseguiram erigir uma bela capela, à volta da qual se levantou uma próspera vila, que ainda hoje se chama Chapelle-sur-Loire.

Saumur

E pela sonoridade da calçada pedregosa, como que ouço, comovido, as palavras de Eugênia Grandet chorando:
— Minha mãe tinha razão. Sofrer e morrer.

Chambord

I

Como hoje é o primeiro dia de caça autorizada, os cultivados campos se povoam de indumentárias minuciosamente cinegéticas e latidos de cães, mas lebres e perdizes estão alerta.

II

Sou um homem privilegiado. Posso tocar com as mãos a estreita mesa de mármore sobre a qual Maurício de Saxe foi embalsamado! E não sei que sacrílega pedra quebrou o vidro de janela no qual Francisco I gravou, com o diamante do real anel, o desencantado dístico que resumia toda uma longa experiência amorosa: *"Souvent femme varie, bien fol est qui s'y fie"*.

III

— E como se manifesta a febre do feno?

O guia imaginário:

— Por um desejo irrefreável de beijá-la, minha senhora.

Chenonceau

Depois de rodar por muitos donos, o castelo de Chenonceau foi parar nas mãos de Menier, o rei do chocolate, que o explora à visitação pública pela inocente quantia de sessenta francos por cabeça, e tal amor ao passado lhe proporciona uma renda talvez maior que a dos bombons que fabrica.

Chartres

I

Há o azul do céu, o azul dos miosótis, o azul de certos olhos e o azul inimitável de certos vitrais de Chartres, cuja fórmula se perdeu.

II

O nome do arquiteto estava gravado numa pedra da nave, mas o passo dos crentes, nas peregrinações, apagou-o para sempre da fraca memória dos homens, ó mundo de eternidades perdidas!

III

E compro um metro de aracnídea renda não sei para que vesti-do. E compro uma carapuça de veludo preto, com sutache dou-rado, não sei para que cabeça. Talvez não se chame carapuça...

Vendôme

I

As abelhas vão buscar açúcar nas confeitarias. E a primeira lebre descuidada foi preparada com sábio molho de vinho branco e cogumelos.

II

Incorporo aos meus nada desprezíveis conhecimentos os seguintes brancos, tintos ou rosados, que por sinal não atuam muito virtuosamente sobre meu suscetível sistema nervoso: Beaugency, Muides, Cour-Cheverny, Vernou, Francueil, St. Martin-le-Beau, Montlouis, Cher, Chinon, Coteaux du Layon, Azay-le-Rideau, Restigné, Ingrandes, Beaumont-en-Véron, Montsoreau. Souxay Rablay e St. Lambert.

Vouvray

O balanço do segundo dia de caça — ar seco, céu de azul desbotado — foi de dois caçadores mortos e três feridos, além de um casal de namorados que, ao fugir de uma matilha, ia morrendo afogado nas águas rasas do Cisse.

Nice

I

Nice é uma aquarela de Dufy. Com palmeiras africanas, baixas, gordas e espinhosas, balançando as palmas no ar transparente e luminoso, com largas calçadas plantadas de cadeiras, com hotéis se alinhando um junto ao outro, fachadas claras, porteiros engaloados, restaurantes no andar térreo, o Passeio dos Ingleses tem classe, mas melhor seria que se chamasse Passeio dos Americanos, ou mais propriamente Passeio dos Marinheiros Americanos. Alguns são abstêmios, mas todos são espadaúdos, joviais, armados de câmaras fotográficas, donos do Mediterrâneo e do mundo — ó *boys*!

II

Travo relações com a tal falada *bouillabaisse*, que não faz jus à reclame. Fazendo as contas, não passa de uma pobre peixada complicada e dessaborida. De qualquer sorte não deixou de ser mais uma experiência. Se erramos muito ou sofremos muita desilusão, devemos aos amigos de adjetivos fáceis e má boca, nos quais em má hora acreditamos.

III

Há glórias que consolam, outras que protegem. A do jovem Ieso Amalfi é desta última natureza.

Ieso chutava bola em São Paulo, mas era meio pé de chumbo. Não houve portanto nenhuma complicação para que deixasse o clube e fosse jogar no Boca Juniors, onde, como se esperava, não deu no couro. Daí para o Peñarol não foi mais que um pulinho à toa no Prata, e também no Uruguai não acertou as chuteiras. E quando se pensava que era nome extinto no noticiário esportivo, ei-lo que surge no Nice como estrela de primeira grandeza — seus malabarismos foram cantados em prosa e verso, capitaneou a lista dos artilheiros, deu ao seu clube o campeonato da França.

Ser herói é encargo pesado. Ieso nem podia andar mais na rua sem que uma legião de fãs lhe estorvasse os passos; foi anúncio de cigarro e sabonete; e a imprensa abria páginas inteiras para devassar ao público aspectos da sua vida privada.

Afinal um clube italiano cobiçou o diamante da Costa Azul e, depois de uma batalha que os jornais noticiaram dia a dia com escandalosas manchetes, lá se foi ele vendido por milhões. Mas, pelo menos até o outro campeonato, a sua lembrança será presente, tanto mais que parece fazer falta, pois o Nice neste ano não vai lá das pernas. Presente e útil — quanta facilidade me foi aberta quando me souberam compatriota do glorioso centroavante.

IV

Minha querida Simone é uma francesinha excepcional — por experiência própria, mas paga por outrem, sabe que há mais lugares civilizados no mundo além da França e como já esteve no Brasil, onde por fortuna nos conhecemos, em lugar e circunstância que por delicadeza não posso declarar, jamais se queixou do calor carioca, jamais quis se engrandecer aos olhos familiares fazendo-se perseguida por serpentes nas ruas brasileiras e jamais teve a cachimônia de considerar o carnaval do Rio, no qual perdeu inteiramente a cabeça, inferior ao carnaval de Nice. Mas dizia-me, certa vez — o corpo ainda molhado do banho de chuveiro, num dia inesquecível em que havia água —, não compreender como haviam inutilizado a praia de Copacabana, deixando-a quase sem árvores e com calçadas tão estreitas que a tornavam impraticável, coisa que não tinha acontecido em Nice.

Com o maior fervor condenei a nossa estupidez municipal, mas hoje poderia responder à minha sempre lembrada amiga, que ficou presa inesperadamente a um contrato nupcial no Canadá, que a estupidez administrativa não é um privilégio nacional. Se em Nice as calçadas são realmente amplas, dando quase três das de Copacabana, em compensação não existe praia, pois que para construí-las a prefeitura local se viu obrigada a avançar uma alta e pesada muralha contra o mar, muralha em forma de declive onde as ondas batem e onde, de espaço a espaço, há plataformas com cabines. Em certos lugares, o capricho do mar permite a existência de uma praia de três palmos, que não é de areia e sim de pedras, pedras ovaladas que proíbem aos banhistas se estenderem para gozar o sol, fazendo-o, encostados contra o declive de granito, como se fossem lagartixas humanas.

V

Hoje um louro marinheiro ianque comia lagosta a *niçoise* com Coca-Cola. Deve ser interessante. Vou experimentar.

VI

Veraneando em Nice, o imperador da Transcaucásia foi convidado para um grande banquete oferecido por um rico brasileiro, que concordara em emprestar-lhe vinte milhões, com a condição de obter o monopólio de petróleo do império. Ao ágape, que devia preceder a assinatura do contrato, estava presente o prefeito dos Alpes Marítimos, que, chamado urgentemente ao telefone, se levantou com as escusas de praxe e só voltou um quarto de hora depois, seguido do chefe de polícia, que rogou delicadamente a Sua Majestade que o acompanhasse. O imperador da Transcaucásia não passava de um velho mordomo, escroque reincidente.

Felizmente esse episódio pertence a outro tempo. Deu-se em 1921, precisamente no dia 1º de junho. Hoje não há mais brasileiros ricos inocentes, e as grandes negociatas são feitas no Brasil mesmo e sem banquete.

VII

Saio para uma voltinha, bufo um bocadinho ao grimpar certas ladeiras, mas, quando dou conta de mim, estou em Santa Teresa — casas, jardins, calçamento, curvas, vegetação e o meu Rio lá embaixo resplendendo ao sol, à orla do mar azul.

Talloires

Morar e namorar.

Menton

— E como estamos quase na fronteira, diga-me, amigo, o que pensa da França?

— Penso que tem os melhores perfumes do mundo, mas não gosto de perfume engarrafado. Penso que a sua cozinha é requintada e ilimitada, mas eu prefiro comidas simples, como ovo estalado. Penso que guarda o segredo dos vinhos fabulosos, mas o que eu aprecio mesmo é água. Água somente. Penso que tem costureiros famosos, mas não sou otário. Penso que é ótimo o seu teatro, mas prefiro o inglês. Penso que são lindas e picantes as canções bulevardianas, mas não há nada no mundo igual ao jazz! Penso que sua vida mundana é um paraíso de elegância, mas meus hábitos são menos "fesandês". Penso que sua vida espiritual é intensíssima, mas me acomodo melhor com o asseio corporal. Penso que tem mulheres lindíssimas, mas eis um assunto sobre o qual não admito nenhuma preferência de origem. Penso que seu passado guerreiro é uma apoteose, mas eu sou inimigo dos canhões. Penso que Renard é minha bússola, mas que novos ventos perturbam a minha rota. Penso muita coisa, enfim, mas são segredos que irão comigo para o túmulo.

Este livro foi impresso nas oficinas da
Distribuidora Record de Serviços de Imprensa S.A.
Rua Argentina, 171 – Rio de Janeiro, RJ
para a Editora José Olympio Ltda.
em julho de 2014

*

82º aniversário desta Casa de livros, fundada em 29.11.1931